촛불의 시간

촛불의 시간

© 송호근, 2017

초판 1쇄 발행 2017년 1월 25일
초판 2쇄 발행 2017년 2월 15일

지은이 송호근

펴낸이 윤동희

편집 윤동희
디자인 정승현
제작처 영신사(인쇄)
　　　한승지류유통(종이)

펴낸곳 (주)북노마드
출판등록 2011년 12월 28일 제406-2011-000152호

주소 04003 서울시 마포구 월드컵로 12길 45
　　　(서교동 474-8) 2층
전화 02-322-2905
팩스 02-326-2905

전자우편 booknomadbooks@gmail.com
페이스북 /booknomad
인스타그램 @booknomadbooks
트위터 @booknomadbooks

ISBN 979-11-86561-38-6 03300

www.booknomad.co.kr

촛불의 시간

군주·국가의 시간에서
시민의 시간으로

송호근 지음　　북극성

시민의 시대,
서곡

촛불의 물결은 장관이었다. 무너진 심정을 부여잡은 사람들이기에 더 감동적이었다. 생면부지 사람들 간에 잊었던 동지애가 흘렀다. 그 공감의 전파는 함성을 타고 전국으로 퍼졌다. 광장은 참담한 심정을 달리 표출할 방법이 없는 사람들이 모이는 곳이다. 그러나 2016년의 광장은 어떤 뚜렷한 정치적 목적을 품었던 과거의 광장과는 달랐다. 먼 곳에서 중고등학생들이 배낭을 메고 왔고, 청년들이 연인의 손을 잡고 왔다. 중장년들이 등산복 차림으로 왔고, 부모가 아이의 손을 잡고 왔다. 인파에 밀려 광장 중심부로 진입하지 못한 사람들은 골목길을 돌며 구호를 외쳤는데, 증발된 자존감이 다시 생성되는 듯 상기된 표정이었다. 청소년악대가 지도교사의 북소리에 맞춰 〈임을 위한 행진곡〉을 연주하는 광경은 노조나 농민연합의 기획집회보다 더 뭉클했다. 그 곡을 탄생시켰던 시대의 아픔이 청소년들에게 감염된 것인가. 촛불집회에 모인 사람들은 비로소 '시민'이 되었다. 위급한 현실을 공감하고 해결을 위한 합주 행동에 나서는 것이 '시민-됨'의 최소한의 요건이다.

한국의 촛불집회에 외신은 경외감을 실어 뉴스를 타전했다. 200만 시위대의 일사불란한 집회集會와 산회散會는 한국에서만 가능한 현상이다. 독일의 《디 자이트Die Zeit》는 "한국의 시민집회는 놀라운 시민정치를 보여주었다. 민주주의 선진국인 유럽이 배워야 한다"고 썼다. 200만 인파가 발성한 하나의 목소리에서 한국인의 강한 민주적 심성을 발견했다. 공화국의 정체성을 뒤흔든 놀라운 사건의 중심이 '대통령'이라는 믿기 힘든 사실에 직면했을 때, 시민들은 고통스러운 결단을 내려야 했고, 그걸 확인하는 결재 의례가 필요했다. 정치권은 시민정치의 정당한 절규를 어쨌든 감당해야 할 엄청난 숙제를 떠안았다. '군주의 시간'이 끝나고 '시민의 시간'이 시작됐다.

전남 해남에서 발생한 AI조류인플루엔자가 전국으로 확산됐다. 발생 초기, 방역망을 좁히고 매장이라는 강수를 썼다면 전국적인 감염을 막았을 것이다. 한 달 후, 닭 2천만 마리가 살처분되었고 계란 대란이 일어났다. 겨울 내내 시베리아와 연해주 아무르 숲에서 철새가 날아와 AI를 살포했다. 치킨집, 호프집이 생존을 위협받았고, 식당은 계란을 넣지 않은 해장국을 팔았다. 호숫가와 가을걷이가 끝난 텅 빈 들에 내려앉는 철새들이 숙주일 터, 저 놈을 잡아 주리를 틀어도 꽥꽥 소리만 질러댈 것이다. 진범은 없다. 애꿎은 닭만 살처분됐다.

국회진상조사위원회가 '최순실 게이트' 청문회를 열었다. 국정농단의 진범들이 대거 불려 나왔다. 여야 율사 출신 의원들이 증인들을 몰아세웠지만 꽥꽥 소리만 질러댈 뿐 아무도 이실직고하지 않았다. 사회명사, 고위관료, 청와대 실세들, 최순실 게이트망網의 결절점에 해당하는 그들 중 누구 하나 속 시원히 인정하는 사람이 없었다. 대통령도 필부匹婦처럼 법리를 다퉜다. 마치 AI를 옮겼지만 입증해보라고 사뿐히 날아가는 철새 같았다. 최순실 게이트는 우리의 가슴에 고통을 안겼을 뿐 아니라 헌정사에 핏빛 상처를 남긴 엄청난 사건임에도 말이다.

그렇게 한 해가 저물고 정유丁酉년이 시작됐다. 거버넌스governance가 사라진 이행기, 무엇을 해야 하는가? 같이 고민할 문제다.

2017년 1월
송호근

차례

1부 아버지의 초상肖像

박근혜의 아버지는 박정희다.

부녀父女 대통령, 딸에게 아버지는 무엇일까.

박근혜 대통령의 가슴에 묻힌 아버지의 초상은 어떤 모습인가?

너무나 종교적인

아버지의 초상

몇 년 전, 존경하는 선배 교수로부터 소포가 왔다. 부친의 추모집이었다. 부친과 조부의 생애기록이 상세히 적혔고, 부친이 남긴 글과 행적이 연도별로 수록됐다. 생가 사진과 가계도, 학력과 경력, 자와 아호는 물론 일제강점기 민족운동의 족적을 요약한 일대기였다. 아버지에 관한 스토리가 그리 풍요롭다는 사실이 부러웠다. 놀라운 것은 아들인 노교수가 아버지를 기리는 데에 그토록 객관적인 논조와 태도를 유지한다는 점이었다. 그의 교양이 부친과의 객관적 거리를 만들었을 것이다. 1930년대 세대인 그에게 아버지는 '역사'였다.

어머니는 눈물이고, 아버지는 애증이다. 내가 속한 베이비부머 세대(1955년~1963년생)의 공통명제인데 거꾸로 된 장면은 드물다. 어머니는 애증, 아버지는 눈물? 글쎄다. 아주 특별한 집안 내력이 아니고는 저 공식에서 벗어나지 않는다. 일제강점기 유리알 같은 시를 썼던 정지용(1902~1950)의 「향수」에는 처와 누이가 등장한다. "검은 귀밑머리 날리는 어린 누이와/ 아무렇지도 않고 예쁠 것도 없는 사철 발 벗은 아내가ー" 밭에서 이삭 줍던 고향. '맨발의 아내'에 비하면, '전설바다에 날리던 잔물결 같은' 애잔한 누이, 두 사람의 배경에 '옅은 졸음에 겨워 짚 베개를 돋아 고이는' 아버지가 살짝 스친다. '거리 두기'는 정지용에게도 마찬가지였다. 그런데 전쟁 세대인 최인훈에게서 그 아버지는 애증이 교차하는 인물로 바뀐다. '옅은 졸음에 겨운 초로의 아버지가 짚 베개를 돋아 고이시는 고향의 밤은, 어떤 시대의 젊은이에게는 거역하고 싶은 아픔일 수도 있다'고 썼다.[1]

　　한승원의 최근작 『물에 잠긴 아버지』가 그렇다.[2] 주인공은 빨치산인 조부 김동수와 평범한 아들인 부친의 십일남매 중 일곱째 아들로 작가 지망생이다. 6.25 당시 '남한의 모스크바'로 불렸던 장흥군 유치면에서 전개된 부친의 생애를 복원하는 얘기다. 유치면은 장흥 댐이 건설되면서 물에 잠겼고, 그와 함께 증조부의 유훈을 끝내 실현하지 못한 아버지의 한恨도 잠겼다. 주인공 칠남이는 날품팔이와 잡역부로 살아온 아버지를 설득해 물에 잠긴 부친의 얘기를 건져올린다. 가계의 역사이자 아버지의 한이 어린 얘기를 복원하자 비로소 칠남이는 아버지와 화해한다. '거역하고 싶었던 아픔'이 한 시대의 인간사로 기억되는 순간, 주인공 칠남이도 역사의 한 조각을 베어 물은 것이다. 아버지와 술을 나눠 마시는 시골 여관의 밤은 그윽했다.

　　전후 세대에게 아버지는 '애증의 교차'를 넘어서 종종 '부재의 대상'으로도 나타난다. 그는 생물학적 아버지일 뿐 정신적 아버지가 아니다. 시대를 건널 지혜와 역사의식을 가르쳐주지 않

1 　최인훈, 『회색인』의 한 구절.
2 　한승원, 『물에 잠긴 아버지』, 문학동네, 2015.

아버지의 초상肖像 너무나 종교적인　　　　　　　　　　　　　　　　11

는다. '아버지의 부재'는 특히 1960, 70년대에 두드러진다. 2016년 늦여름, 필자는 《중앙일보》에서 주관한 〈평화 오디세이〉에 동행했다. 거기에는 이 시대의 작가라고 할 황석영, 이문열도 있었다. 연해주 방문 첫날, 해가 서쪽으로 좀 기운 귀가시간이었다. 버스에 동승한 대원들은 모두 나름의 상념에 잠겼다. 필자는 엉뚱하게 '아버지'를 생각했다. 신채호가 정신국가를 상상했듯, 한반도 20세기 역사를 끌어온 '정신적 아버지'는 어디 있는가? 앞좌석에 앉은 작가를 생각해봤다. 1930년대 사회적 리얼리즘의 현대적 연결고리를 만들어낸 황석영과, 거칠었던 시대의 존재론적 의미로부터 가족사와 인간사의 넝쿨을 파고든 이문열. 진보와 보수를 대변하는 두 작가는 '정신적 아버지의 결핍'이라는 점에서 통한다. 『객지』와 『삼포 가는 길』로 시대정신을 형상화한 황석영이 북한을 방문하고 유럽과 미국을 방랑했던 것은 신자유주의의 험난한 파고에 휩쓸린 민중의 삶을 감당해줄 정신적 상징을 찾기 위함이었을 거다. 그날 낮 잠깐의 환담에서, 찾아냈는지를 물어봤던 것 같다. 그의 답은 '철도 3대'였다. 장춘 남만철도 노동자 조부, 영등포 차량기지 철도원 아버지, 그리고 한국철도공사 직원 아들, 삼대의 얘기를 마지막 작품으로 쓰고 싶다고 했다. "그런데 근력이 따라줄까?" 담배를 쥔 손에 힘이 들어갔다. 이문열의 생물학적 아버지는 원산대학에서 생애를 마쳤다고 했다. 압록강변에서 만난 이복여동생이 전해온 아버지 소식에 넋 놓고 울었지만 '정신적 아버지'는 여전히 오리무중이다. 『영웅시대』는 실종된 아버지에 관한 가족사인데, 유복자로 태어나 한 번도 얼굴을 본 적이 없는 생물학적 아버지의 족적을 통해 정신적 아버지의 가능성을 추적한다.

아버지 결핍증은 박경리 선생에게는 『토지』를 잉태한 원천이 됐다. 백두대간과 협곡 촌락들에 숨겨진 이야기들을 모신母神의 시선에 적셔 끌어올린 대하드라마 덕분에 『고요한 돈강』의 작가 솔로호프M. Sholokhov, 『티보가의 사람들』을 쓴 로제 마르텡 뒤 가르 R.M. Du Gard를 부러워하지 않아도 된다. 그러나 아버지는? 박경리 선생도 아버지 결핍증을 앓았지만, 모든 것을 끌어안는 토지의 철학으로 극복했다. 황석영과 이문열 역시 그럴 것이고, 두 작가 덕에 후배 세대는 언젠가 아버지 결핍증을 치유할 수 있을지 모른다. 베이비부머 세대가 전수받은 이 '거역하고 싶은 아픔'을 어쨌든 해소하려면 '거리 두기 사유'와 '화해의 철학'이 필요하다. 부재의 공간에 현실적 존재를 인정하는 것, 그 존재의 처소에 흩어진 시대사적 언어를 있는 그대로 음미하는 것이 치유의 방법일 것이다.

'정신적 아버지'는 시대정신 내지 세계관과도 통하는 말이다. 시대와 대결할 정신적 자산인데, 1970년대에 청춘을 보낸 베이비부머 세대에겐 그게 증발했다. 1960년대 세대와는 또다른 방황이 시작됐으나, 길은 보이지 않았다. 길 찾기를 홀로 감행해야 하는 시대의 청춘은 찬란하고 비극적이다. 어머니가 눈물로 나타나는 까닭이다.

박근혜의 아버지는 박정희. 부녀父女 대통령, 딸에게 아버지는 무엇일까, 박근혜 대통령의 가슴에 묻힌 아버지의 초상은 어떤 모습인가? 이걸 물어보려고 긴 길을 우회했다. 박정희는 1970년대 세대, 특히 베이비부머에게는 어둠을 내린 통치자로 각인된다. 경제성장 덕을 보았으나 그 시대는 어두웠다. 1952년생, 서강대 70학번인 박근혜 대통령은 베이비부머 바로 위 연령대, 넓게 잡아 거기에 속한다 해도 무리가 없다. 세대 상황이 비슷하기 때문이다. 그렇다면, 그가 간직한 아버지 초상은 어떠한가? 여기에 지금 겪고 있는 헌정 초유의 사태를 설명할 열쇠가 있다.

박근혜에게 아버지 박정희는 무엇일까?
박정희는 어둠을 내린 통치자로 각인된다.
이 '거역하고 싶은 아픔'을 해소하려면
'거리 두기 사유'와 '화해의 철학'이 필요하다.
부재의 공간에 현실적 존재를 인정하는 것,
그 존재의 처소에 흩어진
시대사적 언어를 음미하는 것이
치유의 방법이다.

고백하건대, 필자는 박근혜 의원을 서너 차례 만났다. 2006년부터 2012년까지 6년간이니 그리 긴밀한 관계는 아니었다. 세간의 상황을 듣고 싶어 했고, 정책 구상에 조언을 달라고도 했다. 독대 형식으로 이뤄진 대화는 한두 시간 지속되었는데, 딱히 대화가 안 된다는 생각은 들지 않았다. 지금 와서 기억해보면, 필자가 일방적으로 말하고, 박근혜 의원이 듣는 방식이어서 그랬는지 모른다. 아마 그랬을 거다. 그때마다 수첩에 무언가를 적었으니까. 그 만남은 대통령 후보로 인기 절정에 오른 2012년 10월에 느닷없이 끝났다. 끝냈다고 해야 옳겠다.

　　최초의 면담은 2006년 5월 초로 기억한다. 평소 안면이 있는 K의원에게서 전화가 왔다. 박근혜 의원이 나를 만나고 싶어 한다고. 당시에는 천막당사를 탈출해 위기를 모면한 상태였고, 박근혜 의원의 공적이 높게 평가되던 때였다. 나는 예의상 먼저 도착해서 기다렸다. 문을 열고 들어오는 박근혜 의원은 꼭 어머니를 닮았다고 생각했다. 육영수 여사가 환생한 것 아닌가 하는 착각이 들 정도였다. 그날 많은 얘기가 오고 갔다. 노무현 정권이 후반기에 접어들었던 때였으므로 정책 실패와 이념노선에 대한 이야기가 주류였다. 박근혜 의원은 필자를 자기편이라 믿는 눈치였다. 하긴 노무현 정권을 맹공했으니 변명할 필요는 없지만, 굳이 이 자리를 빌려 밝히자면 필자는 온건 사민주의자다. 한국식 분류로는 '중도우파'라고 하면 적격이지만, 복지는 좌파, 경제는 우파, 역사는 중도파, 그런 식이다. 박근혜 의원이 이 복잡한 방정식을 이해해주리라 기대하지 않았고 또 설명할 필요도 없었다. 대화는 잘된 편으로 기억한다. 말미에 그녀가 물었다. 그게 그날 만남의 요체였다. 경선에 나서도 될지, 어떻게 생각하는지 말이다.

당시 이명박 후보와 2007년 대선을 앞두고 경합하던 때였기에 충분히 예상했던 질문이었다. 경솔한 답변은 절대금물, 신중을 기해 말했다.

> "아버지를 넘어서야 합니다. 지성계, 언론계에서
> 박정희에 대한 부정적 평가가 넘칩니다."

베이비부머 세대의 '애증의 교차' 명제를 강조하고야 말았다. '아버지 결핍증'을 앓고 외로운 길 찾기로 청춘을 보낸 베이비부머 세대의 시대감각을 여과 없이 말해버렸다. 베이비부머에게 박정희는 애愛보다 증憎이 많은 인물이기에, 대선에 나선다고 가정하면 그건 경쟁자인 정동영 후보를 이해하기 위한 필수 관문이었다.

1953년생 정동영 후보는 박근혜와 동세대이자 같은 시대에 대학을 다녔는데, 아버지 박정희에게 돌을 던진 저항운동의 선발대였다. 그의 동료인 문재인, 이해찬, 천정배 역시 박정희 저항전을 지휘한 맹장들이었다. '아버지를 버려야 한다'고 애초에 말하고 싶었으나 '넘어서야 한다'고 완화되어 나왔을 뿐이다.

화기애애하던 분위기가 갑자기 썰렁해졌다. 10초의 침묵은 길었다. 마주앉은 K의원이 당황했다. 필자가 박근혜 의원과 120도 각도로 비껴 앉아 있었기에 어떤 표정인지를 헤아릴 수 없었다. 깊은 상념에서 벗어난 그녀는 다음 약속 장소로 이동하려 일어섰다. 상대의 슬픈 표정을 똑바로 쳐다보는 것은 예의가 아니므로 정확히 어떤 의미인지 알 수는 없었다. 묻어두기로 했다. K의원에게 사정을 묻지도 않았다. 그러나 그녀의 가슴속에 묻힌 '아버지 초상'이 어떤 형상인지를 짐작할 만한 계기였다. 천지개벽을 같이 겪은 동세대원이 1970년대 세대와 박정희 시대에 대한 평가가 저리 다르다면, 박근혜는 자신의 레토릭rhetoric과는 달리 21세기에 어울리는 신지평을 과연 열 수 있을까 의구심이 들었다.

그 흐릿한 생각은 박근혜 후보가 경선에서 탈락하고 잠시 은거 생활로 들어간 2년 후에 더욱 확고해졌다. 이번에는 외교관을 지낸 고故 최필립 대사에게서 전갈이 왔다. 그날 대화의 소재는 '복지'였고. 나는 복지제도의 전반적 구조를 설명했고, 그녀는 수첩에 뭔가를 적었다. 가끔 질문을 하기도 했는데, 한국적 상황에서

'정의'가 무엇인지, 복지의 본질이 무엇인지 등이었다. 주제가 건강보험에 이르자 약간 지루했는지 박근혜 의원이 말을 잘랐다. 의료보험은 아버지가 만든 제도라고 말이다.

나는 몇 년 전의 기억을 떠올렸다. 아! 아버지. 복지에도 아버지가 스미어 있었던 거다. 마치 서민을 위해 아버지가 베푼 어떤 시혜라고 말하는 듯했다. 그런 인식공간에 당시의 의료보험이 소득이 높은 중상층과 공무원 중심으로 짜였고 하층민은 완전히 소외되었다는 역진적 설계를 장황하게 말해줄 수는 없었다.

"맞지요, 아버지 공덕이었습니다."

그것으로 대화는 끝났다. 소소한 얘기가 잠시 이어진 후 나는 서둘러 자리를 물러나왔다. 아버지에 관한 관념, 그것이 반드시 '애증의 관계'여야 하는 것은 아니지만, 적어도 베이비부머 세대에게 존재하는 공통명제인 '거리 두기'를 발견할 수 없었다. 아버지는 박근혜 의원의 시대 읽기를 방해하는 가장 큰 장애였고, 아버지 유업을 완성해야 한다는 장녀가 가진 초조함의 발원지였다. 혹시 여기에 1979년 10.26 이후 청와대를 떠날 때 받았던 수모와 '배신의 정치'에 대한 원한이 숨어 있다면? 귀갓길 심정이 조금 복잡해졌다. 그녀와 세대원의 부정합, 그것이 혹시 그녀와 시대, 그녀와 국민과의 부정합이 된다면 박근혜의 등극은 악몽이 될

소지를 안고 있었다. 악몽까지는 생각이 진전되지 않았지만, 불길한 예감이 '박근혜 형상' 한구석에 자리 잡았다.

정치가政治家, 통치자統治者?

박근혜 의원은 승승장구했다. 이명박 대통령 이후 딱히 대안이 없던 한나라당에서 그를 옹립하는 분위기가 거셌다. 민주당에서는 문재인 후보가 단단한 기반을 구축했다. 박근혜 의원은 정치가인가? 정치는 '사람을 모이게 하는 예술art of gathering people' 혹은 '조정의 기술art of coordination'이다. 의원 시절, 그녀의 주변에 사람이 모였다. 그녀가 이끌어서가 아니라 그녀를 보고 스스로 모였다. 그녀가 가진 상징자본이 워낙 컸고, 그걸 적절히 활용하면 정치생명을 연장할 수 있다고 간파한 사람들, 친박親朴 무리가 그들이다. 그들도 알았을 것이다. 처음에는 잘 몰랐을지라도 점차 그녀의 외적 단아함에 감춰진 군주적 성향을 간파했을 것이다. 그녀의 한계를 알아차린 정치인들은 파문을 당했거나 스스로 떨어져나갔다. 전여옥 의원은 결별을 선언했다가 공천에서 탈락했다. 유승민 의원은 배신자로 낙인찍혔고, 이혜훈 의원도 한 차례 낙마했다.

"아무것도 스스로 결정하지 못했다!"

한나라당 대표 시절, 비서실장을 지낸 전여옥 의원은 그렇게 단정했다. 어디엔가 전화를 걸어 조언을 들은 후에야 결단을 내렸다는 것이다. 그게 최순실, 아니면 정윤회? 필자에게도 그런 경험이 있다. 정치가보다 통치자, 지배자 성향이 강하다는 인상을 받은 계기 말이다. 대통령 후보로서 인기 절정을 누릴 때, 당선 가능성이 매우 높았던 2012년 10월 초, 마지막 독대 자리였다.[3] 그해 가을학기는 안식년이어서 오랜만에 느긋한 시간을 즐기던 참이었다. 지방 도시 강연 차, 집을 나서는 순간 전화벨이 울렸다. 이름이 뜨지 않은 것을 보고 기자임을 직감했다. 한참을 망설이다 전화를 받았다.

"《연합뉴스》 김○○ 기자입니다.
　혹시 새누리당에서 전화 받으셨어요?"
　웬 뜬금없는 질문인가 싶었다.

"무슨 전화요?"
　내가 되물었다.

"선거대책본부장 제안을 받으셨다는데,
　혹시 수락하셨는지요?"

3　자세한 내용은 줄인다. 이 얘기는 《경향신문》 박주연 기자와 했던 인터뷰에 실렸다.
　　《경향신문》, 2013년 5월 14일자.

이거야 원, 무슨 대책 없는 소리인가 싶었다. 선거대책본부장이라면 대선을 총괄 지휘하는 자리인데 나 같은 서생書生에게 그런 자리를 제안할 이유도, 명분도 없었다. 새누리당에는 혁혁한 장수들이 포진해 있을 터, 게다가 한자리하고 싶은 사회명사들이 들끓는 와중에 무슨 말인가 싶었다. 5초의 침묵. 적절한 답을 떠올렸다.

"그런 일 없는데요…… 설사 전화를 받았더라도……
그렇다고 발설할 수 있겠어요?"

이게 화근이었다. '설사 전화를 받았더라도'라는 단서를 단 것 말이다. 기자는 앞의 말을 생략하고 이 단서를 기정사실화했다. 고속도로를 달리는 동안 언론은 내가 달았던 '토吐'를 기사화했다. '송호근 교수, 선대본부장 수락!'

휴대폰이 울리기 시작했다. 대부분 이름 없는 번호였으므로 기자이거니 짐작했는데, 벨은 지방 도시에 도착할 때까지 끊임없이 울려댔다. 나는 아예 휴대전화를 껐다. 강의가 끝난 오후 5시, 귀갓길에 전화를 켰는데, 이게 무슨 일인가. 수신전화 리스트가 한참 올라왔다. 족히 100여 통은 되어 보였다. 일이 있기는 있구나. 그날 밤 10시경, '발신번호 제한' 전화가 왔다. 박근혜 후보였다. 나는 대통령 후보에게 예의를 차렸다.

"예, 선전하고 계시던데…… 사실, 오늘 전화를 많이
받았습니다."

그 얘기였다. 그런 일이 실제로 일어나긴 했구나, 그걸 미리
흘리고 세간의 동향을 살폈구나, 싶었다. 나는 예절 모드로 들어
갔다. 전화로 의사를 밝히기는 좀 그렇고 직접 뵙고 말씀 드리겠
다고 말이다. 후보의 체면을 배려해야 했다. 가족들이 나의 표정
을 넘겨짚어 말했다.

"절대로 안 돼!"

그건 나도 그렇다. 선거라면 고등학교 시절 학생회장 선거
를 끝으로 인생에서 영원히 소멸된 일종의 희극인데 선대본부장은
속되게 말해 뻥치기 MVP여야 했다. 나는 그 시절 청춘의 치기가
한창 달아오른 친구들을 상대로 이웃 여학교와 구름다리를 가설
하겠다고 뻥을 쳐 회장에 당선됐다. 그 뻥은 다행히 급작스레 찾
아온 유신시절에 묻혀 꿈으로 접혀졌다. 내가 접은 게 아니었음을
누누이 변명했으나 나는 안다, 그게 뻥이었음을. 그러므로 나는
내 인생을 어떤 정치가에게 송두리째 헌납하고 싶은 마음은 추
호도 없다. 보수건, 진보건 막론하고, 워치독^{감시견, watch dog} 역할이
지식인의 임무일 터. 연구할 과제는 태산인데, 거기, 아수라장에서

휘둘리고 싶은 마음은 조금도 없었다. 아, 이 뜬금없는 관계를 정리할 때가 된 듯했다. 70년대 학번이 어떻게 그 시절 방황을 잊을 수 있는가. 수십 명의 사복경찰이 강의실 문을 박차고 들어와 친구를 연행할 때 망연자실하던 교수의 표정, 친구의 비장한 눈빛, 그리고 남아 있던 자들의 자괴감을 어찌 잊을 수 있는가. 대학 건물 앞, 형사들에 멱살이 잡혀 끌려가던 선배의 절규를, 그걸 보고만 있어야 했던 맨손의 학생들, 그 속에 끼여 '정신적 아버지'의 강림을 갈망했던 창백한 청년시절의 나를 어찌 배반할 수 있는가. 박정희가 강요한 동토의 기억은 깊고 쓰렸다. 그리고 그의 딸이 나를 호명했다. 혹시 대통령에 등극해 영의정, 좌의정, 대제학, 대사간, 의금부도사 직책을 수여한다 해도 70년대 학번의 세대윤리가 더 소중한 걸 어쩌랴. 사대부 벼슬보다 군주 앞에 당당히 논리와 윤리를 설파하는 정5품 성균관 직강直講이 더 소중한 걸 어쩌랴.[4] 지난 몇 번의 만남에서 그녀의 마음에 내장된 아버지의 초상을 엿보지 않았는가. 그리하여 고사하는 양식이 문제였다. 약속 장소로 갔다 …… 그리고 연습한 말을 천천히 꺼냈다.

"저 같은 서생에게 그런 막중한 자리를 제안해주셔서
영광입니다만…… 저의 능력을 넘어서는 자리입니다.
당선에 별로 도움이 되지 않을 거라고 생각합니다."

4　성균관 직강이 요즘으로 치면 국립대학 교수다.

　정치가政治家, 통치자統治者?

이쯤 되면 예의는 충분히 갖췄다. 박후보는 물러서지 않았다. 두어 번의 제안과 고사가 오고 간 끝에 결국 박후보가 단념한 듯했다. 기분 나쁘지 않게 고사했으니 나로서는 선방한 셈이었다. 대신, 몇 가지 제안을 드리겠다고 했다. 박후보는 수첩을 꺼냈다. 막바지로 치닫는 대선 캠페인에서 주의해야 할 사안들을 열거했다.

첫째,

　"'국민'이란 말을 너무 자주 쓰시는데, 가끔 맥락에 따라서 '시민' 개념도 섞어 쓰시는 게 좋습니다."

둘째,

　"일자리 창출에는 노동개혁이 중요한데, 이걸 하려면 울산에 내려가 강성노조와 대화해야 합니다."

나는 몇 가지 사안을 더 열거하고 끝으로 말했다.

셋째,

　"지피지기知彼知己. 상대 후보를 알려면 그 시대 청와대에 있었던 영애 박근혜에게 돌을 던져봐라, 일종의 리허설인데 그래야 상대 후보의 세계관을 짐작할 수 있습니다."

아차, 이건 좀 너무 나갔다 싶었으나 이미 엎질러진 물, 어쩌랴. 박후보는 수첩을 덮었다. 마침 면담시간이 다 지났으므로 나는 다시 강의 모드에서 예절 모드로 돌아갔고, 박후보는 다음 행선지를 향해 떠났다.

그게 인연의 끝이었다. 다시는 '발신번호 제한' 전화가 뜨지 않으리라는 걸 예감했다. 귀갓길 마음은 무거웠다. 다 인지했을까? 아니다, 박후보의 표정으로 봐서 특히 마지막 사안에 기분이 상했을 것이다. 진보이념을 알리면 동세대원으로서 세대정서, 세대감각을 이해해야 한다는 것, 거기까지는 좋은데, 일종의 불경죄?

향후 5년, 어떻게 전개될까? 시대의 시곗바늘을 돌려놓을까, 아니면 약간이라도 새로운 지평을 열까? 그런 생각에 잠겨 있는데 한숨 돌린 아내가 말했다.

"여왕벌에 쏘인 수벌 같구먼!"

이거야 원, 70년대 학번이 가진 세대윤리를 사수하고 돌아온 사람, 곧 펼쳐질 한국정치의 미래를 걱정하는 사람의 표정을 그리 읽다니. 나는 정치가로서의 자세를 얘기한 것이다. 쫓아내도 다시 찾는 끈기, 적과 대화를 해야 한다는 것, 복지는 시혜가 아니라 시민의 권리시민권라는 것, 그래야 사람이 모인다는 사실을 강조했을 뿐이다. 열렬한 지지를 보내는 곳에서 박후보는 편했고, 그를 거세게 항의하는 곳에서 불편해 했다. 인지상정일 거다. 박후보는 편한 곳을 찾아다니는 듯했다. 그래도 당선 확률이 높았으니까. 고故 노무현 대통령은 뼛속 깊이 정치가였다면, 박후보는 근본체질이 끈질기게 설득하는 정치가는 아니었다. 논쟁을 하지 않았고 듣기만 했다. 가끔 질문을 했는데 그리 맥락에 벗어난다는 생각은 안 들었다. 그러나 지금 돌이켜보면, 오히려 통치자에 가깝다는 느낌이다. 의원 시절을 통틀어, 그리고 대선 캠페인 기간에 그런 성정은 일반 유권자에게 잘 알려지지 않는다.

아! 곡성哭聲

대통령으로 등극하고 3년 8개월이 지났다. 그 만남의 불길한 예감이 이런 엄청난 사건으로 발화할지 누가 짐작이라도 할 수 있을까? 2015년 10월 24일, jtbc 폭로, 10월 25일 대통령의 변명성 담화, 그리고 다음 날인 10월 26일 국회는 특검을 결의했다. 멍한 시간이 속절없이 지나갔다. 나의 대학 동료들도 그랬다. 아니 전 국민이 정신을 차릴 수 없었다. 정신을 수습하려 애써봤지만 헛된 일이었다. 일상 업무에 집중할 수 없었다. 마음의 중추신경이 훼손되면 일어나지 못한다. 주술에 걸린 가假수면상태. 박근혜 대통령은 스스로 무슨 일을 저질렀는지 모를 터이다. 민주화 30년 동안 온 국민이 정화수 떠놓고 짜낸 민주주의의 피륙을 칼로 끊었다. 필자는 그 주말 칼럼을 썼다.

37년 전 10월 26일, 라디오에서 흘러나온 유고 방송의
슬픈 목소리는 청명한 가을 아침과 어울려 추상화처럼
번졌다. 멍한 시간이 속절없이 흘러갔다. 우상화된
이념에서 풀려난 낯선 시간이었다. 이성은 곧 현기증을
물리쳤다. 멀게만 보였던 민주주의의 깃발이 눈앞에서

펄럭였으므로 극심한 혼란도, 쿠데타 소문도 일종의 축제 북소리였다. 그런데, 지금은? 아버지의 10.26과는 달리, 딸의 10.26은 느닷없는 비기秘記의 습격이다. 멀쩡한 논리로는 결코 이해 불가한 심령의 세계, 계룡산 두마천 상류 무속촌에 가야 설명 가능한 드라마, 아니면 영화 〈곡성〉의 음침한 세계? 아버지의 10.26은 '우상과 이성'의 접전이었다면, 딸의 10.26은 오랜 비설秘說과 접신한 듯한 민주주의의 오염이다.[5]

정신을 수습하려 애썼다. 도저히 이해할 수 없는 사건이었다. 언론과 방송에서는 한동안 잊힌 인물 최태민과의 인연이 연일 보도됐다. 최태민의 영기靈氣에 홀렸다거나, 그의 딸 최순실에게 이용당했다는 보도가 잇달았다. 예전, 몇 번의 만남에서는 눈치도 못 챈 인연들이 엄청난 시나리오로 가시화됐다. 최순실과 그의 아버지 최태민이 이 사건과 겹치자 '비기의 습격'으로밖에 설명할 수 없었다. 여기에 아버지 박정희가 다시 포개졌다. 결국 그러했던가. 박정희가 그녀의 정신 밭에 그리도 굳건히 내려앉았는가? 저녁마다 홀로 있다는 대통령의 관저, 거기 어느 구석에 부모의 영정이 걸리고, 밤마다 아버지교教의 친애하는 교도 박근혜 대통령이 가업家業의 완성을 비는 모습이 떠올랐다. 조금 무책임했지만 자율 주행하는 글쓰기를 저지하지 못했다.

5 「곡성」,《중앙일보》 2016년 11월 1일자, 필자의 칼럼.

정녕 아니길 바라지만, 가수면상태의 상상력이 자꾸 그
세계로 끌고 간다. 거길 가면 박자가 잘 맞는다. 아리송했던
퍼즐이 척척 들어맞는다. 그토록 고집한 '올림머리'는
어머니의 육화, 깃 올린 수트형 재킷은 아버지 분장이었을까.
대선 당시 문재인 캠프가 '3년간 133종 옷'을 입었다고
공격했는데, 필자는 칼럼에서 3종 패션이라고 옹호한 바
있다. 그런데 모두 군복의 변형인 수트형 재킷이고,
'빨주노초파남보'와 흰색 일색이라면, 바이칼 호에서
연원돼 한반도로 내려오는 샤먼의 형상이 국가 지도자에
옮겨 붙었을까? 부질없는 상상이 꼬리를 문다. 모신母神을
얹힌 부친의 유업을 국정과제로 잇는 본부가 청와대,
지부가 문체부였나? K한류, K한식, K스포츠 등 K자는
'민족중흥' '한국적 민주주의'를 열망한 부친의 혼魂을 모시는
신위神位였을지 모른다. 적어도 무의식의 공간에서는 말이다.
'늘품체조'가 나오고, 동상과 기념공원이 다시 출현했다.

　　대통령의 저녁은 늘 호기심을 불러일으켰다. 적적한
관저 깊숙한 칩거, 대통령의 깊은 밤은 한 번도 알려진 바가
없다. 언론은 홀로 보고서를 읽는다고 했다. 일가친척을
물리친 홀홀 고독이 동정심을 사기도 했다. 무엇을 했을까?
부모 영정에 유업 진척상황을 들고 배알한 걸까? 매일 밤
수심정기하고 문화융성과 창조경제 독려 차 국무위원과

수석비서관에게 사업취지를 하달했다. 그 통치문서는
영세교 교주 딸 최순실에게 전달됐고, 즉시 사업실행서로
둔갑해 청와대로 돌아갔다.

　　필자가 4년 전 취임식 아침에 썼던 글이 떠올랐다.
'33년 만에 청와대로 돌아가는 귀환 길에서 흉탄에 스러진
어머니, 격류의 탄환에 소멸된 아버지의 영정을 가슴에
품었을 것이다…… 그 청와대, 그러나 딱히 터놓고 심정을
나눌 지인들이 없는 여성 대통령에겐 홀로 감당하기 벅찬
그곳에 국민들이 함께한다는 사실을 이젠 깨닫고 있을 거다.'
희망사고였지만 사실이기를 종용한 표현이었다. 그곳에
국민은 없었고, 홀로 제배하는 사람이 있었을까?

　　절대로, 절대로, 아니길 바란다. 4년 전, 취임식
아침에 썼던 그 글이 틀렸듯이, 이 불경스러운 추리도
제발 3류 소설이길 바란다. 그런데 방방곡곡에서 터지는
곡성哭聲을 어쩔 수 없다. 대통령은 이 곡성의 원인을
잘 헤아려야 한다. 왜 이 해괴한 괴담이 SNS에 무성한지,
탄식과 비애가 도처에 터져 나오는지를 말이다.
우선, 우리의 민주주의에서 심령적 재화災禍를 걷어낼
일이다. 햇빛 광장廣場은 그 출발일지 모르나, 국민이 선출한
또 하나의 정통성인 정당이 존재한다. 이들 3당 협의체제에
향후 수습방안을 맡기는 것이 더 현명하다. '통치력의 IMF',

저간의 보도가 사실이라면 이미 조각 권력도 상실했다.
다행히 민주주의는 복원력이 강한 정치체제다."[6]

---

6 앞 칼럼.

아! 곡성哭聲

의원 시절, 박근혜 주변에 사람이 모였다.
그녀가 이끌어서가 아니라
그녀를 보고 스스로 모였다.
그녀가 가진 상징자본이 워낙 컸고,
그걸 적절히 활용하면 정치생명을
연장할 수 있다고 간파한 사람들,
친박 무리가 그들이다.
그들도 알았을 것이다.
처음에는 잘 몰랐을지라도
점차 그녀의 외적 단아함에 감춰진
군주적 성향을 간파했을 것이다.
그녀의 한계를 알아차린 정치인들은
파문을 당했거나 스스로 떨어져 나갔다.

통치력의 IMF

2015년 가을은 그렇게 흘러갔다. 계절은 느닷없이 왔다 가버리기 일쑤지만, 마른가지에 걸린 꽃봉오리나 눈부신 햇살이 언뜻 가슴에 인화될 때 계절은 존재감을 획득한다. 2016년 가을은 존재감을 잃었다. 빠른 속도로 남하하는 단풍을 감지할 여유가 없었고, 높고 쾌청한 하늘도 정치 태풍 속으로 휘말려버렸다. 매 정권마다 반복된 정치 스캔들과 정권 말기 부패현상에 어지간히 단련된 한국인이건만, 정말 견디기 어려운 신종 대형 사고였다. 대한민국을 온통 집어삼킨 대형 쓰나미 '최순실 게이트'가 실체를 드러낸 것이다. 아니 오랫동안 설치한 야간 적외선 카메라에 포착됐다고 말해야 옳다.

낯선 이름, 그러나 항간에 조금씩 떠돌던 그 이름이 '미르재단'과 'K스포츠재단'에 얹히고, 급기야 권부를 가로질러 박근혜 대통령과 연관되자 청와대는 비상이 걸렸다. 두 재단과 대통령 비선秘線과의 연관성을 과감히 보도했던《조선일보》가 청와대의 역공세에 걸려 주춤하던 상황이었다. 《조선일보》송희영 주필은 청와대가 흘린 부정 스캔들로 직을 떠나야 했다. 4년 전, 그 화려했던 출범과는 달리 집권세력은 한없이 무능했지만, 정보와 사찰, 보복 능력만큼은 뛰어났다. 검찰, 경찰, 국정원, 국세청은 청와대 권부의 친위별동대, 아버지 박정희의 유산이었다. 정치적 반격의 방식도 아버지의 재현이었다. 궁지에 몰린 박근혜 대통령은 10월 24일 오전 국회 연설에서 '개헌'을 꺼내들었다. "개헌이야말로 대한민국의 미래를 개척하는 가장 절박한 과제"라고 단호히 말했다. 당리당략에 취약한 정당들이 덥석 물어버리라는 간계였다. 그날 오후 정당들은 개헌정국으로 돌입할 태세를 갖추기 시작했다. 비박非차 좌장 김무성 의원은 "오늘이 가장 기쁜 날"이라고까지 순진하게 말했다.

　　jtbc 손석희가 제동을 걸었다. 그날 저녁 뉴스에서 최순실 태블릿을 공개한 것이다. 외교문서, 국가기밀문서는 물론, 청와대 폐쇄회로에 묻혀 있어야 할 통치문서가 쏟아져 나왔다. 인사, 비서관 회의, 연설문에 개입한 흔적이 뚜렷했다. 그날 〈jtbc 뉴스룸〉에서 청와대를 향해 발사한 어뢰 한 발은 불행히도 대통령 관저에 정확히 명중했다. 치명상을 입은 대통령은 당혹스러운 표정을 감추고 국민담화를 했다. "오랫동안 알아왔던 사람인데 정권 초기 비서진이 갖춰진 후에는 접촉을 끊었다"고. 그러고는 '박근혜표' 침묵에 들어갔다. 통치의 정당성은 사실상 그것으로 붕괴했는데 대통령만 인정하지 않았다. 정당성 고갈은 '통치력의 IMF'를 의미한다. 1998년 외환재고가 거덜 나 평균소득과 보유자산이 반 토막 났듯이, 한국인들은 갑자기 통치력이 증발된 진공상태로 걸어 들어가야 했다. 그럼에도 비선실세에 의한 국정농단을 끝장낸 그 어뢰

한 발은 천만 다행스러운 반격이라고 해야 한다. 5년 한도로 잠시 위임했던 국민주권을 다 태워먹을 시대의 불행, 국가의 불행을 그렇게라도 막아냈으니 말이다.

마침 조류인플루엔자^AI가 전국에 확산됐다. 닭과 오리 천만 마리가 매장됐고 가금류 운송이 일시 중단돼 식당 주인들이 애를 먹었다. 점차 대담해진 언론은 AI 바이러스처럼 국정 전반에 뻗어 있는 최순실의 손길을 밝혀냈다. 문화 체육 분야를 필두로 의료, 창조경제, 문화융성위원회, 공공기관, 해외 공관, 전경련, 교육에 이르기까지 '최 선생님'의 입김은 깊숙하고 널리 확산된 상태였으며, 장차관 인사와 청와대 참모회의를 좌지우지했을 정도였다. 대통령의 최측근을 호위하는 청와대 3인방의 전횡도 동시에 드러났는데 최순실은 이들을 지휘하는 상임고문 격이었다.

'최 선생님께 물어봐!'

어려운 사안이 발생하면 대통령이 정호성 비서관에게 다급하게 지시할 정도였으니 말이다. 최순실의 문화계 대리인이었던 차은택이 청문회에서 말했다. "공동정권인 줄 알았다"고. 국민들은 이 말을 듣고 까무러칠 뻔했다. 할 말을 잃었다. 대통령과 연관된 주사제, 성형, 화장, 미용 얘기가 드라마처럼 뿜어 나와 세간을 덮쳤다. 소설보다, 영화보다 흥미로웠다. 어안이 벙벙해진 틈을 타

계절은 빠르게 겨울로 접어들었다.

유권자가 직접 뽑은 사람이 베일에 가려진 어떤 사람과 권력을 나눴으니 '계약위반'이다. 국민주권의 운영원리가 헌법에 명시되어 있으므로 아무리 어여쁜 사람이나 자신의 아바타와 권력을 나눴어도 그것은 '헌법위반'이다. 조선시대에 왕권을 일시 위임하는 대리청정이나 수렴청정을 행할 때도 육조 대신의 결재가 필요했다. 하물며 21세기에야! 그런데 실제로 비밀스러운 권력공유가 일어났고, 공유한 사람들에 의한 권력사유와 남용이 곳곳에서 발견됐다. 1987년 민주화 이후 별별 사건을 다 겪었지만, 이건 듣도 보도 못한 신종 스캔들, 발생 기원과 진화가 너무 특이하고 오염 부위가 넓고 깊은 신종 중증질환이라 해야 맞다. 어떤 정치학적 개념이나 이론을 대입해도 설명이 부족한 변종變種이었다. 억장이 무너지고 울렁증, 조울증, 갑갑증이 엄습했는데, 가을 단풍이 눈에 들어올 리 없었다. 무심히 낙하하는 낙엽에 무슨 정취라도 실어 보낼 수 있었던가. 언제 가을이 오긴 했던가? 겨우 정신을 수습한 연말 즈음, 눈발이 성성한 잎 떨군 나무가 시야에 잡혔다.

관음증이 아니야

1. 대통령의 사생활?

한국의 인사청문회는 문제가 많다. 프라이버시^{privacy}가 낱낱이 벗겨져 공적 경력을 훼손하는 일이 다반사로 일어난다. 부르주아 계급의 철학인 공사^{公私}분리는 수신제가^{修身齊家}와 공사합일을 최고 덕목으로 여기는 한국에서는 통하지 않는다. 수신제가는 그렇다 치더라도, 압축성장이 일어난 한국에서 공사합일 기준에 통과할 인물은 그리 많지 않다. 주택과 교육이 가장 힘겨운 인생 과제인 한국에서 다운계약서 작성이나 위장전입을 해야 할 상황에 종종 부딪힌다. 필자도 15년 전 강남 아파트를 살 때 다운계약서를 작성했다. 매매자의 요청을 거부하면 매입이 불가능했다. 일산에서 그 강남 아파트로 이주하는 틈새기간이 공교롭게도 딸의 고등학교 진학과 겹쳤다. 일산에 살면서 강북에 위장전입을 했다.

정권 초기, 내각을 구성할 때 사회명망가의 내부를 들여다보고 싶은 충동은 절정에 달한다. 인사청문회는 이 관음증을 어떻게 충족시킬지를 잘 알고 있다. 통장 지출내역, 카드 사용, 전출입, 불법전매, 토지 매입, 논문 표절, 납세 경력 등이 도마에 오른다. 누군가는 불법전매로 낙마했고, 다른 이는 구입한 농토를 대작시켰는데 직불금을 챙겨 낙마했다. 파렴치범으로 찍혔다. 낙마는 물론 비난과 욕설을 덤으로 먹는다.

'최순실 게이트' 청문회는 그간 시중에 떠돌던 풍문과 소문에서 팩트fact를 건져내는 작업이었다. 최순실 게이트와 그리 관련 없는 영역까지 무한정 번지기는 했으나, 최순실 국정농단이 워낙 광범위한 것이어서 무차별 폭로가 불가피했다. 대통령의 비밀치료 내막을 파헤친 국회 3차 청문회는 '세월호 7시간'을 푸는 열쇠였다. 국회조사위원회國調委 의원들의 공격은 아슬아슬했다. 시시각각 변화한 대통령의 얼굴 사진과 피멍자국에 대한 집요한 질문이 지속됐다. 이름도 다양한 주사제, 마취제, 영양제주사 여부, 누가 놨는지, 주치의와 의료실장이 허가했는지가 최대의 관심사였다. 대통령 주치의나 청와대 의료실장도 모르는 의료 행위가 수시로 이뤄진 점도 경악스러웠지만, 국가안위와 직결된 대통령의 건강을 은밀하게 관리한 비선 의사들이 사회적 신뢰나 명성을 가진 1급 의료진이 아니라는 사실에 가슴을 쓰러내려야 했다. 어느 날 불쑥 얼굴을 내민 대통령 변호인 유병하는 검찰 조사를 거부한 명분을 이렇게 말했다.

"대통령이 여자이기 때문에 사생활을 고려해야 한다."

맞는 말인데, TV 영상에 비친 유병하의 인상처럼 분위기 파악을 하지 못한 생뚱맞은 변명으로 들렸다. 사생활은 분명 존중

되어야 한다. 그러나 대통령 치료행위는 사생활이 아니라 국가공
공성의 핵심 사안이다. '건강'은 사적인 것이나 '건강 문제'는 공
적인 것이다. 커터 칼 흉터자국이 만드는 육체적·심리적 고통은
사적인 것이나, 그것을 치료하는 행위는 공적인 사안이다. 여자이기
이전에 대통령이기 때문에. 대통령은 아무나 하는 자리가 아니다.
청와대에 입성하는 순간 프라이버시를 국민에게 반납해야 한다.
국민주권을 위임받는 요건은 그리 무섭고 냉정하다. 그 기본요건
을 지키지 않은 채 대통령 자신이 차마 말 못할 육체적 고통을 사
적인 방식으로 해결하려 했으니 건드리지 말아야 할 속사정까지
굴착기를 가동하기에 이르렀다. 민망하기 짝이 없었다. 보다 못해
《조선일보》 논설주간이 한마디 했다.[7]

> 박대통령이 주름 줄이는 시술을 했건 말건 그것이
> 국정이나 최순실 사태와 무슨 상관인가. 그 시술이 국정에
> 영향을 미쳤다는 근거가 없는 한 문제가 될 수 없는
> 개인적 일일 뿐이다. 이 시시콜콜한 물어뜯기 중에 하나
> 주목되는 것은 수면내시경 때 쓴다는 진정제다. 대통령이
> 준비된 대책 없이 잠시라도 의식을 잃고 있다가 긴급사태 때
> 즉각 정상 회복될 수 없다면 간단한 문제가 아니다.
> 이 부분은 진상이 무엇인지 밝혀질 필요가 있지만 아직
> 박대통령이 그런 처방을 받았는지조차 불명확하다.

7 양상훈 칼럼, 「속옷까지 들추는 저속한 대한민국」, 《조선일보》,
   2016년 12월 15일자.

관음증이 아니야

'속옷까지 들추는 저속한' 행태로 인하여 국격이 떨어진다는 우려인데 백번 동의한다. 그런데 그 치료 행위가 검증되지 않은 의료진에 의해 비밀리에 이뤄졌고, 사적인 관계로 유지되었다는 사실을 적시하지 않았다. 주치의도 몰랐으니 주사제를 놓을 때 입회한 적이 없다. 혹시 주사제에 극약이 들어 있었다면 어떤 문제가 발생했을까? 김대중 대통령은 수면내시경 1시간 정도 마취상태에 대비해 국무총리에게 비상대권을 위임한 일화가 있다. 구입용처가 불분명한 주사제를 주치의 허락 없이 주입한다? 연대의대 교수이병석 주치의는 내 오랜 고등학교 친구다. 부친은 연대 총장을 역임한 이우주 세브란스병원 교수였는데 어린 시절부터 의사윤리와 정신을 가훈으로 습득했다. 그러니 실효가 입증되지 않은 주사제를 허락할 리가 없었을 거다. 느닷없는 주치의 교체는 이런 사정과 모종의 관련이 있을 거라는 생각이 든다.

얼굴 흉터로 발생한 성형치료는 여성의 부끄러운 프라이버시가 아니라 의당 해야 할 '당당한 공적사실'이다. 외교 수장이 비대칭 얼굴로 외국 정상을 만나 좋을 일이 뭐가 있는가. 그런 상태로 공개석상에 나서면 국민에게 근심거리를 얹혀준다. 대통령의 심리적 안정은 국내 정치의 전제조건이다. 당당하게, 공개적으로 할 일이다. 이런 점에서 국조위의 집요한 질문은 관음증이 아니고, '속옷까지 들추는 저속한 행위'도 아니다. 국내외 정치가 정상적 궤도를 이탈한 기원과 통치양식의 내부를 밝히려는 지극히 공적인 행위다. 그런 비밀스러운 사적 네트워크가 파생한 정치제도의 허점을 밝혀내 통치의 공공성을 높이는 제도개혁의 이정표를 정립하는 작업이다. 한국 민주주의의 제도적 완성도를 높이려는 고통스러운 과정인 것이다.

2. 어지御旨: 권력의 사유화

은밀한 치료행위에서 드러난 박근혜 대통령의 독특한 통치양식은 문화, 체육, 교육, 인사, 정경유착 등에 한없이 번져나갔다. 대통령 통치력의 사적유용을 '권력의 사유화privatization of ruling power'로 부른다면, 그것은 ① 사사로운 관계로 형성된 사적 네트워크를 아예 공적 네트워크로 만들거나, ② 사적 네트워크로 공적기구를 매수해 통치기능을 수행하는 두 가지 형태를 띠었다. 비선 치료진을 대통령 자문위로 임명한 것, 미르재단과 K스포츠재단을 설립해 문화체육부 기능을 대행하고 혼합하는 것이 전자에 속한다. 안종범 전 경제수석과 비서진 3인방 등 청와대 비서진을 매수하고, 문체부 장차관과 문화융성위원회, 산하기관을 장악해 대리통치를 하도록 만든 것은 후자에 속한다. 박근혜 대통령은 2차 담화에서 "그럴 줄 몰랐다"고 했고, "내가 이러려고 대통령 했나, 자괴감이 든다"라고 했는데, 이미 그 엄청난 드라마는 그의 통치양식인 '군주적 성향'과 '권력의 사유화'에 잠재해 있었다.

대통령과 친교를 맺은 사인私人들이 위대한 인물이었다 해도 권력 욕망을 자제하기는 어려웠을 것이다. 청와대를 한번 다녀온 사람들은 두근거리는 가슴을 억제하지 못한다. 최고 권력이 품은 상징자본은 그토록 크다. 조선시대 정조正祖 연간, 천재 소리를 들었던 황사영은 정조가 잡은 왼손을 무명천으로 싸매고 다녔다. 훗날 그의 아들 순조純祖에 의해 교사되었지만 말이다. 명석하기로 이름 난 조원동 수석은 필자와 입학 동기로 경제학부 출신이다. 그의 탁월한 능력은 기획재정부 장관 감으로 손색이 없었을 만큼 정평이 나 있었다. 청와대 발탁에 이어 승승장구하던 그가 결국 CJ 스캔들에 휘말려 청문회에 출두했다. 이미경 CJ 부회장은 자기 분수를 잘 아는 사람이기에 대통령 앞에서 매우 조심스럽게 처신했으리라 생각한다. 그런데 외신이 온통 이부회장에게 쏠리자 대통령의 심기를 건드렸다는 풍문이다.

'물러나라, 윗분의 뜻이다.'

이 한마디를 전했다가 조원동 수석은 돌이킬 수 없는 길로 접어들었다. '권력의 사적유용'이 초래할 위험을 예감했을 터인데도 거슬릴 수 없었다. 청문회에 출두한 조수석의 눈빛은 흐렸고, 풍파를 겪은 흔적이 역력했다. 그가 작고 슬픈 목소리로 말했다.

"청와대에 있으면 윗분의 지시를 어기기 어렵습니다."

아드레날린이 과다 분비돼 공격에 열을 올리는 청문회 의원들 가운데 그 소리를 들어주는 사람은 아무도 없었다.

국민을 당혹스럽게 만들고, 한국 민주주의의 제도적 모순을 만천하에 드러낸 신종 스캔들은 '권력의 사유화', '통치력의 사적 유용'으로부터 발원했다. 민주화 이후 등극한 대통령들 가운데 '권력의 사적유용' 범주에 해당하는 경우는 하나도 없다. 대체로 친인척 비리와 주변 인물의 부패 스캔들로 곤욕을 치렀지 정작 본인이 개입한 적은 별로 없었고, 개입정황이 포착되어도 경미한 사례에 그쳤다. 이런 점에서 박근혜 대통령의 경우는 확연히 다르다. 권력 사유화의 중심부에 위치해 있다. 전 국민이 입은 상처가 깊고 컸으며, 급기야 탄핵까지 이르게 된 이유다. 그럼에도 2016년 12월 16일, 대통령 변호인단은 '탄핵이 부당하다'는 이의신청서를 헌재에 제출했다. 대통령은 진정 모른다. 모를 거다. '한 푼도 받지 않았다'는 사실의 정당성만 내세울 뿐, 권력의 사유화가 무엇인지 알 리가 없다. 아버지도 한 푼도 안 받지 않았는가.

권력의 사유화는 그녀가 가진 통치의식에 존재하지 않는 개념이다. 다만 '아버지의 초상'은 너무 강력한 자장을 형성했다. 아버지의 정치양식은 늘 옳고 정당하다고 믿는다. 청와대는 그녀가 자라고 성장한 자택自宅이고, 아버지, 어머니의 기억이 묻힌 고향

관음증이 아니야

이기에 더욱 그렇다. 그곳에서 한 행위는 모두 정당하다고 믿는다.

　　박근혜 대통령은 재임기간에 국민을 설득하지 않았다. 국민은 설득의 대상이 아니라 훈계의 대상이다. 의견을 내고 항의하는 주체가 아니라, 지시를 듣고 의무를 수행하는 수분공역守分供役의 신민臣民이다. 어지御旨를 내리면 일사분란하게 들어야 한다. 그러니 국무회의에서도 낭독하고, 수석회의에서도 낭독한다. 국민담화에서도 낭독하는데 기자의 발칙한 이의제기(질문)는(은) 있을 수 없다. 낭독정치는 군주정치다. 그의 인식공간에는 세대가 없고, 시대가 없다. 다만, 박정희 시대가 가장 강력한 표준이다. 군주가 대기업에 기금 모금을 하달했다고 문제될 것은 없다. 신민을 위해 쓸 것인데, 한 푼도 착복하지도 않았는데, 그게 왜 문제가 되는가? 자신에게 충실한 사인 충복으로 하여금 일을 잘하라 일렀거늘 부정과 권력남용을 일삼았다면 그놈을 잡아 족치면 되지 왜 군주 자신을 문제로 삼는가? 그러니 그곳 자택에서는 '최순실 게이트' 보다 더 한 일도 할 수 있다.

　　이 어처구니없는 신종 사태를 납득하려면 정치학적 이론과 개념을 대입하는 것보다 박근혜 대통령의 사고방식과 의식구조, 그녀의 내면풍경에 자리 잡은 아버지의 초상을 읽어내는 것이 더 유용하다. 그녀는 박정희 숭배자였다. 모든 행위의 잣대는 헌법이 아니라 아버지의 통치행위였고, 아버지에 대한 기억이었다. '아버지는 애증'인 베이비부머 세대의 공통정서를 그녀는 갖고 있지 않았으며, '정신적 아버지'를 찾는 방황도 필요 없었다. 시대 이해를 위해 '거리 두기'와 화해철학 따위는 아예 요청하지도 않았다. 그녀의 방황은 부모의 원한을 해원하는 데 맞춰졌다. 그런데 새 시대를 여는 정치가가 아닌 구시대를 복원하는 통치자로서 그리했다. 광장의 횃불이 수시로 지피는 민주주의 시대에.

관음증이 아니야

박근혜 대통령은 재임기간에
국민을 설득하지 않았다.
국민은 설득의 대상이 아니라
훈계의 대상이다.
박근혜의 인식공간에는
세대가 없고, 시대가 없다.
다만 박정희 시대가 가장 강력한 표준이다.
박근혜는 박정희 숭배자였다.
모든 행위의 잣대는 헌법이 아니라
아버지에 대한 기억이었다.

2부   군주의 시간

선거 때마다 힘껏 던지는 귀중한 주권이 결국

종이돌paper stone일 뿐이라는 절망감일 때 시민들은 광장으로 간다.

광장은 원래 정치적이다. 분노와 절망이 표출되는 유일한 장소이고,

정권과 시민이 벌거벗은 채 맞부딪치는 공론장이다.

성은聖恩이 망극한

군주의 시간

MB정부 때 일이다. 필자는 대통령 자문위원회나 강연 요청을 받고 가끔 청와대를 방문한 적이 있다. 자문위원들은 대체로 교수들로 구성되었는데, 아침 7시 조찬회의였다. 대통령의 말씀이 있은 다음 자유롭게 의견을 개진했다. 분위기가 자못 화기애애했으므로 아침부터 언짢은 사안을 꺼내는 사람은 없었다. 누군가, 아주 민감한 문제를 건드렸다. 대통령의 형 이상득 의원의 부패 연관 문제였는데 조마조마했다. 그 교수는 용감했다. 작심한 듯 말했다. 이상득 의원을 멀리해야 한다, 민정수석이 감시와 견제를 잘해야 한다는 요지였다. 대통령은 답했다.

"그러지요, 뭐."

필자는 4대강 문제를 언급했으며, 불평등 완화를 위해 복지 제도를 전면 개편해야 한다고 말했다. 대통령은 흔쾌히 수용했다. MB에겐 그런 면이 있었다. 실행은 다른 문제였다. 테니스장이 달린 안가安家에서는 국무위원, 수석들과 저녁 회동을 자주 했고 기탄없는 말들이 오갔다고 들었다. 그런대로 화통한 대통령이었다.

박근혜 대통령은 자문회의는커녕 국무위원이나 수석들과 대면하지 않는 것으로 유명하다. 나 홀로 정치, 나 홀로 조각, 나 홀로 정책이다. 대인기피증이 있는 것은 아닌가, 의구심을 자아냈다. 이 '나 홀로 양식'은 인수위원회를 꾸리고 운영할 때부터 돌출됐다. 김용준 위원장은 출범 첫날 아예 인수위를 벙커로 밀어 넣었다. 평생의 법정신을 십분 발휘해서 인수위 법령을 상기시켰다. "만약 위법행위로 물의를 빚으면 지위고하를 막론하고 응분의 책임을 지게 될 것이다"는 경고와 함께 말이다. 그래서 소위 전례 없는 '벙커 인수위'가 탄생했다. 뭐라도 하나 건져야 할 취재기자들의 불평이 쏟아졌다. 보다 못해 경제1분과 홍기택 위원이 모자를 푹 눌러쓰고 취재기자들에게 귤을 하나씩 나눠줬다. 그를 알아본 기자들이 몰리자 홍위원이 조용히 속삭였다. 'shut up!' '벙커 인수위'의 암구호는 '닥치시고 shut up!'가 됐다.

공약 메뉴들을 흘려 언론 방송의 여과 기제를 거치고 조금 소란해져도 좋았을 터인데 소식 메신저인 기자들을 귀찮은 구경꾼인 양 쫓아버렸다. 권력 주인인 국민들을 쫓아낸 것과 같았다. 소통의 환풍기를 작동하지 않은 벙커 인수위는 윤창중 대변인을 시켜 정책 로드맵을 일괄 낭독했다. 그는 또 어디서 온 인물인가? 어떻게 천거된 인물인가? 말할 것도 없이 박근혜 당선자의 수첩에 기재되어 있었다. 또다른 낭패의 시작이었다. 그게 박근혜의 통치 양식인 줄 일찍이 알아챘어야 했다. 사드 배치, 개성공단 폐쇄, 통일

대박론은 논쟁 끝에 나온 결단이 아니라 나 홀로 결정이었다.

필자는 정권 출범 이후 국회 강연에서 박근혜 정부의 '나 홀로 조각'을 비판한 바 있다. 누구의 조언도 듣지 않은 채 궁중 깊숙이 칩거한 채로 드문드문 조각 명단을 흘렸던 거다. 조각이 완성되는 데에는 거의 서너 달이 걸렸다. 대체 어느 라인을 통해 이런저런 인물이 천거되었는지, 언론 방송도 국민들도 의아해했다. 인사 참사는 자주 일어났다. 청문회에서 낙마하는 사례가 늘어났다. 그래도 배후에 노련한 정객들로 구성된 고문그룹이 있을 거라 믿었다. 처음에는 그랬을 거다. 그런데 대통령의 고립 정도가 심해지자 고문그룹도 떨어져 나갔다. 이후 정윤회 그룹이, 다음에는 최순실이 그 틈을 파고들었을 거라고 생각한다. 고립이 깊어지자 측근 3인방의 정치적 무게가 점차 늘어났다.

조윤선 정무수석은 수석 재임시 대통령을 1년간 못 봤다고 털어놨다. 그냥 자리를 지킨 거다. 장관도 수석들도 박근혜 정권에서는 가장 편한 직업이었는지 모른다는 비아냥이 생겨났다. 그냥 출근하면 되니 말이다. 유일호 부총리는 2016년 9월 국회 대정부질문에서 거의 한 달간 대통령을 못 봤다고 말했다. 민생경제를 그토록 외치는 대통령이 경제사령탑과 대화를 나누지 않는다는 뜻이다. 비서실장도 사정은 마찬가지다. 집무시간에 대통령의 소재조차 파악하지 못하는 일이 왕왕 발생했다. 대통령은 군주였고, 청와대는 대기조 혹은 친위대였다.

세간의 공분을 산 '세월호 7시간'의 비밀이 여기에 있다. 국회 청문회에서 '세월호 7시간'을 밝히려고 혈안이다. 안민석 의원은 아예 '프로포폴propofol 성형수술' 가설을 입증하려 동분서주했고, 박범계, 박영선 의원 역시 수상한 혐의를 캐려 노력했다. 여당이라고 사정이 다르지 않았다. 황영철, 장제원 의원의 고군분투가 돋보였다. 기자들의 끈질긴 취재 덕분에 2014년 4월 16일 당일 오후 3시 이후 일정이 약간 밝혀졌다. 올림머리 손질! 국민은 기가 찼다. 꽃다운 아이들이 수장된 그 순간에 머리 손질이라니! 할 말을 잃었다.

대통령 변호인단이 소명서에 주장한대로, 대통령은 세월호 참사에 책임이 없을 수 있다. 법적 관점에 따르면 그러할 듯하다 (그러하다).[8] 좀 무지하게 말한다면, 1차 책임은 세월호 선장, 청해진해운, 안보실장, 재난본부, 해경에게 있을 것이다. 그들의 잘못을 왜 대통령에게 전가하는가? 그러나 최소한 노력은 해야 한다. 그런 모습을 보여줘야 한다. 대통령의 시간은 국민생명을 지키는 공공의 시간이다. 한라산이 폭발해서 제주도민이 다수 사망해도 대통령의 책임인가? 아니다. 대통령 자신은 면책이라 주장하는 것은 합법적이기는 하나, 민주적 사고방식이 아니라 바로 '군주적 인식'이다. 각자 책임을 맡은 신료臣僚들이 임무를 제대로 수행하지 못한 결과로 간주하는 사고방식이야말로 군주답다. 도덕적 책임은 면치 못하나, 법적 책임은 없다. 양심에 걸리기는 하지만, 법적 하자는 없다. 그래서 유병언을 찾느라 법석을 떨었고, 한 달 후 '국가 개조!'라는

---

8   필자는 법조인이 아니라서 추측할 뿐이다.
    헌법재판소에서 가려질 것이다.

낡은 개념을 꺼내들었다. 개조改造는 1920년대 계몽주의자들이 애용한 용어다.

　　바로 이런 사고방식이 민주정권의 정당성을 심각하게 훼손한다. 정당성은 도덕성이다. 도덕성이 훼손되면 거버넌스가 약화된다. 영令이 서지 않는다. 박근혜 정권은 세월호 이후 도덕성을 상실하고 거버넌스에 발생한 균열을 감당해야 했다. '군주의 시간'이었다. '군주의 시간'에 균열이 가도 군주로 살면 그뿐이다. '세월호 7시간'도 그런 관점에서 조명이 가능하다. 뭘 조사할 게 있는가? 4월 16일 '군주의 시간'은 그러했을 거다. 아무것도 안 했다! 그런 사람을 뽑은 대한민국 유권자가 슬플 뿐이다.

　　'군주의 시간'을 '시민의 시간'으로 돌리려고 얼마나 많은 저널리스트, 칼럼니스트들이 안달을 했는가? 아무 소용없었다. '나 홀로 정치'는 군주의 통치였으니 말이다. 필자 역시 2013년 첫해부터 비판적 글을 써댔다. 통치양식을 바꾸라고 말이다. 이 장에 실린 7개의 글이 그러한데 독해 중에 박근혜의 통치양식이 드러날 것이다. '변정고언辨政苦言'은 정권 초기 6개월을 결산하고 관료, 율사, 장군으로 둘러친 청와대 '신료정치'를 지적했다. 군주정치는 '성은이 망극한' 글에서 분명히 드러난다. 안보좌의정, 성장우의정, 3인방 승지, 종북 척결 의금부도사가 경연(대화)이(가) 없는 청와대를 굳건히 지켰다. 박근혜 통치는 산출이 없는 '무정란 정치', 어디로 가는지 갈피를 잡을 수 없는 '안개력[霧曆]'이었고, 유권자들에게 분노의 하이킥을 당해도 국회를 '넌센스', '패권주의'로 몰아치는 담력을 보였다 ^{분노의 하이킥}. 청년창업을 그토록 강조하면서도 성과는 초라했기에 수저계급론, 헬조선론이 파급되었다 ^{한국청년잔혹사}. 그동안 광장은 얼어붙었지만, 법치의 주인을 묻는 시민들이 몰려들 것이라 예감했다 ^{광장의 겨울}. 필자와 수많은 칼럼니스트, 지식인들이 엎드려 읍소했음에도 군주의 시간은 성곽처럼 건재했다. 탄핵의 씨앗은 '군주의 시간'에서 잉태되고 있었다.

"만기친람萬機親覽하시면 국정 의제agenda가 흐릿해집니다.
정치는 살림살이를 넘어서는 것, 소소한 쟁점들은
각료들에게 위임하고 큰 정치에 집중해야 합니다.
성장, 분배, 남북문제가 그것이죠. 정책사령탑은 작동하나요,
각료들은 토론합니까? 국무회의가 좀 시끄럽기를
바랍니다. 노트북을 치우라고 하세요. 받아 적기만 하는
각료들을 원하는 게 아닙니다. 한국이 관료, 율사,
장군공화국인가요? 이들은 변칙과 파격을 싫어합니다.
청와대 외곽에 경로당 차리셨나요? 노련함으론
경장更張이 어렵습니다. 장외투쟁 중인 민주당을
끌어들여야죠. 단호한 카리스마에 유연성이 결합하면
얼마나 좋겠습니까? 마지막 1년을 제하면,
이제 3년 반이 남았습니다."[9]

국민행복, 박근혜 대통령이 말은 참 잘 만들었다. 행복 주고,
꿈을 준다는 데 항의할 사람은 없다. 공약을 다 합하면 행복한 그림
이 나올 터지만, 자기의 짐을 홀로 감당하는 우리의 현실! 모두

---

9 정치를 판단해 쓴 소리를 올린다는 뜻. 필자가 《중앙일보》에 두 번에 걸쳐 연재했다.
   2013년 8월 26일, 27일자. 이하의 글도 일부다.

피곤에 절어 있는데 행복은 멀고도 멀다. 행복사회? 5천만의 행복이 아니라 하층 1천만 명에 집중해야 실천 가능하다. 임금노동자 가운데 월수입 200만 원 이하가 50%, 100만 원 이하도 14%에 달하는 게 우리의 현실이다.

국민행복을 위해 정부가 할 일은 차별 제거와 복지다. 이것이 현 정부의 과제인 '사회민주화'의 요건이다. '차별 제거'는 소수·취약집단에 기회균등을 증진하는 것으로 고졸, 여성, 지방대 출신 채용비율을 높이고, 임금과 승진에도 차별을 없애는 적극적 조치다. 한국은 아직 천박한 격차사회다. 복지는 공약 때부터 설계가 잘못됐다. 무상보육, 노령연금, 4대 중증질환, 반값등록금 모두 최하위 1천만 명에서 시작해 조금씩 확대하는 방안을 취했어야 옳았다. 복지는 소득격차를 줄이는 최선의 방안이고, 사회연대력을 높이는 최고의 윤활유다. 조건이 있다. 복지 수혜자가 사회에 헌신하겠다는 윤리적 서약이다. 이것 없이는 납세자의 동의를 받을 수가 없다. 정치적 설득이 빠졌으니 2013년 7월 증세 실패는 당연한 귀결이었다. 사용설명서 없이 그냥 납부고지서만 발부받을 때 조세저항이 일어난다. 복지증세를 '행복세'로 명명하고 차분히 그 쓰임새와 효과를 설명해보라. 상층부터 누진세를 매기고, 아래로 갈수록 세율을 대폭 낮춰 '행복사회'에의 능동적 참여를 권유해보라. 왜 증세에 반대하겠는가? 복지는 하층민의 소득을 보전한다. 나아가 기업생산성을 높여 일자리 창출을 촉진하는 것이 복지다. 왜냐고? 복지는 임금인상을 자제하는 보완재이기 때문이다. '복지는 곧 일자리 창출'이라는 등식이 복지국가를 발전시킨 원리다.

우선 하층민 1천만 명의 행복을 다 같이 책임져야 행복한국이 온다. 행복미래가 온다. 보수든 진보든, 이런 철학이 없는 나라 한국, 우리는 '국민행복'이란 피켓을 들고 대체 어디로 가고 있는 걸까? 의정 활동이 탁월한 의원에게 수여하는 '백봉상'이라는 게 있다. 정치부 기자들이 투표로 뽑는 백봉상을 3년 내리받은 김성식 전 의원은 박근혜당을 탈당한 탓에 2012년 총선에서 낙선했다. 그가 쓴 책 『국회의원? 뭐하는 사람이야!』는 정치 반성 일기다. 입법 활동을 아무리 왕성하게 해도 '소인정치'를 벗어날 수 없고, 총선에서 생환하려면 지역적·이해 타산적 쟁점에 매달려야 함을 고백했다.

결과는 '대인정치'의 실종. 경제성장, 소득분배, 남북문제-이른바 한국정치가 풀어야 할 국가적 과제는 늘 뒷전으로 밀리고, 혹여 쟁점화되어도 계파정치에 휘말리는 것이 한국정치다. 그 틈을 비집고 관료들의 은근과 끈기가 영토를 확장했다. 5년마다 바뀌는 정치인은 세입자고, 30년 동안 정밀한 규제와 관행의 거미줄을 쳐온 관료들은 집주인이다. 청와대는 관료, 율사, 장군, 이 3대 직업군이 장악했다. 국무위원 70%가 이들이고, 외곽 요직에도 포진했다. 관료공화국이다. 공통점은 관행과 절차에 대한 과잉신뢰, 즉 '매뉴얼 정치'다. 관료의 바다에 뜬 청와대가 실수는 안 하겠지만, 시대를 바꾸는 혁신 또는 소인정치의 틀을 깨는 변법變法과 경장更張 역시 기대하기 어렵다.

　　유능한 민간전문가들도 관료의 단단한 장벽을 깨지 못한다. 미국은 1980년대 초 금융산업을 창조산업으로 키웠다. 한국에서는 불온산업이다. 그래서 관료들이 밧줄로 단단히 묶었다. 감사원, 공정위, 금감원의 삼중감시 아래 금융산업은 난쟁이가 되었고 시장도 망가졌다. 어디 이것뿐이랴, 창조경제와 문화융성의 주역은 아이디어 천재들, 파격을 좋는 괴짜들이다. 천재와 괴짜는 관료정치의 공적이다. 그래서 관료적 창조, 관료적 문화가 전개될 것이고 거기에 혈세가 투입될 예정이다. 성장, 분배, 통일을 향한 대인정치가 실종되면 관료는 약진한다.

　　이대로 법과 원칙, 규제와 관행하에 무사하겠으나 5년 뒤 한국사회는 아마 복날 닭백숙처럼 푹 데쳐져 있을 것이다. 꿈틀대는 한국의 창조적 에너지를 가둬놓는 규제의 장벽과 관성의 감옥을 과감하게 부술 주인공은 정치 지도자다. 큰 정치에 매진할 사람이 바로 대통령이다. 그런데 대통령은 홀로 다변多辯이고, 각료는 받아 적고, 여야협주는 없다. 빈약한 내치로 가는 지름길이다.실제로 그리 되었다

성은이 망극한

전제군주제 조선에서 임금은 신료들의 반론에 자주 막혔다.[10] 육조 대신이 머리 조아려 합창하는 그 말 때문이었다. "통촉하여 주옵소서." 유배나 효수형을 자초하기도 했던 이 위험천만한 합창은 전국 유림을 연결한 공론정치가 있었기에 가능했다. 창덕궁과 경복궁에서 아침 구호처럼 제창됐던 저 외침은 왕권의 전횡을 견제함은 물론 경연장의 토론으로 이어져 군주의 생각을 바꾸게 했다. 경연이 잦을수록 왕의 업적은 두드러졌다. 세종을 위시해 숙종, 영조, 정조가 그들이다.

2013년 청와대 분위기는 이와는 사뭇 다르다는 말이 들린다. "성은이 망극하옵니다." 하기야 꼭두새벽에 열리는 수석회의에서 '통촉하여 주옵소서'로 대통령의 심기를 망칠 필요는 없을 것이다. 육조대관 회의도 마찬가지다. 정해진 의제, 절차, 발언으로 질주하는 엄숙한 분위기를 거스르고 '이의 있는데요!'라고 소리칠 생뚱맞은 장관이 있을까. 이의를 자주 제기했다간 그냥 집에 가야한다. 조선 시대에 낙향은 풍류라도 있었지만, 이 시대 낙향은 그냥 실직자 신세다. 청문회에서 얻어맞고 낙향으로 실직자가 되면 여지없는 루저다.

10 《중앙일보》, 2013년 12월 17일자.
    『나는 시민인가』(문학동네, 2015)에 수록함.

무릇 대통령께 직언을 해야 한다고 외치는 지사志士들도 그 앞에
서면 한없이 작아지는 게 인지상정이다. 필자도 예외는 아니다.
지난 정부 시절, 우연찮게 만찬에 초대됐다. 목적 없는 만찬이었
지만 필자는 목표를 세웠다. 저항이 비등했던 '4대강 사업'에 훈
수를 두기로 마음을 단단히 먹었던 거다. 대통령은 달변이었다.
마이크를 좀처럼 넘겨주지 않았다. 마침 대통령이 '4대강'에 대한
나의 의견을 물었다. "동쪽 산맥에서 쏟아지는 격류를 다스려야죠,
치수는 치인의 근본입니다." 나의 예찬론에 약간 고무된 대통령이
마이크를 빼앗아갔으므로 다음 말을 할 기회를 잃었다. '그런데
일단 한강漢江만 하시죠'라는 그 말을 늦은 밤 광화문 어느 포장마
차에서 혼자 중얼거리고 있었던 거다.

   민주화 후 역대 대통령들은 사람들과 자주 어울렸고 담소
를 나눴다. 대부분 예찬론 일색이었겠지만 그래도 자주 회동하면
지사의 직언도 가끔 접할 수 있다. 대면담소는 그래서 중요한데
구중궁궐로 깊숙이 퇴청하는 박근혜 대통령에게도 이런 일이 일어
나는지 궁금하다. 조선의 현군 정조는 호를 '만천명월주인옹萬川
明月主人翁'이라 짓고 백성의 민은民隱을 살피러 자주 암행시찰을 다
녔다. 시무책을 구상하다 막히면 규장각 각신들을 깨워 밤새 토론
했고 반론이 많으면 다음 날 경연을 열었다. 박대통령은 수석들이
매일 올리는 정책서류를 검토하다가 궁금하면 책사들에게 전화
를 건다는 소문이다. 이른바 '통화정치'인데 전화 받은 것도 감읍한

판에 누가 일일이 토를 달고 '아니 되옵니다'를 발설할 수 있으랴.

구중궁궐 속 통화정치로는 아무리 지혜로운 통치자라도 한국이, 한국사회가 어디로 가야 할지 헤아리기 어렵다. 대선 승리 때의 초심에서 얼마나 멀어졌는지, 청와대를 바라보는 국민의 시선이 어떻게 바뀌었는지 알 도리가 없다. 일 년 내내 들었던 안보, 성장, 종북 척결이 이 시대의 화두였던가, 유권자의 기대였던가, 아님 호르몬 저하증에 빠진 한국을 구제할 시대적 처방이었던가? 아니다. 최근 벌어진 북한의 공포정치와 돌발사태에 신중히 대비하는 건 기본이지만, 안보·반북에 맹렬히 집착해 할 일이 막히면 경직된 수구보수와 뭐가 다른가. '잃어버린 지난 1년'은 보수정권엔 '통한痛恨!'이었고, 한국의 전진동력을 정체시킨 늪이었다.

국민들은 보수와 진보가 쌍둥이 경주마처럼 외쳤던 경제민주화와 복지를 어느새 성장과 안보로 뒤바꾸었다고 생각한다. 청와대를 둘러싼 관료, 율사, 군 장성, 급진 보수인사들이 대통령의 개혁의지와 국민적 약속을 탈색시켰다는 의구심이 퍼지는 중이다. 야당이 이렇게 죽 쑤지 않았다면 업적 빈곤 때문에 지지율은 벌써 바닥일 터인데 초심으로 돌아가자는 통촉의 소리는 들리지 않는다. 환국換局은 이런 때 쓰는 통치자의 비상수단이다. 정치도, 경제도 과거의 틀을 혁파해야 할 이때, 미리 알아서 과거 향수를 부추기는 인사들과, 국민소득 천불시대의 논리에 집착해 대전환의 역사役事를 방해하는 시대착오적 수구세력을 내쳐야 한다. 독일의 메르켈

정부처럼 신보수新保守의 산뜻한 통치양식을 창안하지 못한 신료들은 모두 사대관모를 벗고 낙향하는 것이 좋다. '안녕들 하십니까?' 대자보에 올라온 이 구절에 실린 울혈은 비단 청년층에만 국한된 게 아니다. 그렇지 않으면 내년에도 '성은이 망극한' 청와대, 경연이 없는 청와대를 안보좌의정, 성장우의정, 4인방 승지, 종북 척결 의금부도사가 군건히 지킬 것으로 보인다. 아, 구태의연한 대한민국!

무정란 정치

1. 산출 없는 정치의 결말

가을걷이가 끝난 빈 들판에 쭉정이 벼를 수확한 농부의 심정은
어떨까.[11] 며칠 전 어떤 모임에서 '무정란 정치'를 대하는 유권자의
마음이 그렇다고 했다. 무정란 정치, 알을 배지 못하는 정치다. 집권
2년을 경과한 박근혜 정권이 그렇다. 정상회담에, 연금개혁, 세월
호 대책, 그리고 침체된 경제를 돌보느라 정신없는 대통령은 무척
서운할 것이다. 그런데 어쩌랴, 손에 잡히는 게 없는 것을.

결혼도 3년 차면 신혼의 설렘은 사라진다. 출근길 정거장
까지 나오던 배우자가 퇴근이 늦었다고 눈 흘길 때를 조심해야
한다. 사랑스럽던 배우자의 그 버릇이 살림을 축내는 나쁜 습관인
것을 알아챘다. 유권자가 사랑을 거두는 것이 바로 이때다. 그래도
생래적 지지자들은 항변할지 모른다. 실적제로가 안 할 일 하는
것보다 백배는 낫다고 말이다. 실제로 그랬다. 노무현 정권은 '4대
입법'을 강행하느라 사랑을 다 까먹었다. MB는 한·미 FTA를 통
크게 헌정했다가 그만 낭패를 당했다. 광우병 공포가 명박산성을
마구 타 넘었고, 급기야 정권의 예봉이 꺾였다.

2010년 2월, 필자는 MB정권 3년 차 기념강연에 초대됐다.
거기서 3년 차 역사적 과제를 '사회민주화'로 정의했다. 유럽 선진

---

11 《중앙일보》, 2014년 11월 14일자.

무정란 정치

국의 일정이 그러했다. 정치민주화가 성숙하면 불평등 완화, 차별 제거, 기회균등 개혁으로 행군한다. 핵심은 노동시장과 복지를 연결해 생산성과 평등효과를 증진하고 주변 계층에 기회를 확장하는 것. 십시일반 비용을 부담하면 대통합의 길이 열린다고 말이다. MB 정권은 '공정사회론'을 걸고 내치에 돌입했다. 그런데 사랑이 식은 탓인지 뒷심이 달렸다. 토목공사만 기억에 남았다.

박근혜 정권의 역사적 과제는 무엇인가? 훗날 무엇으로 기억되고 싶은가? '손톱 밑 가시 뽑기?' 혹은 '비정상의 정상화?' 이렇게 말하고 싶다. '제3의 변혁'을 향한 시동을 걸어야 한다고. 한국의 근대개혁은 120년 전 갑오경장에서 비롯됐다. '제1의 변혁'인 동학과 갑오개혁은 실패로 끝났다. '제2 변혁'은 박정희의 산업화였는데 유례없는 성공을 거뒀다. 제2 변혁의 유효성이 거의 소진된 이 시점이 바로 3단계로 도약할 때다. 게다가 2015년은 광복 70주년, 한국전쟁 65주년, 한·일 외교 정상화 50주년이 아니던가. 박근혜 정권의 역사적 꿈과 짐은 60갑자 두 번을 넘는 거대 변동의 경로를 확 바꾸는 일이다. 어떻게, 무엇으로? 청와대에 숨죽인 실세들이 답해야 할 질문이다.

외치와 내치, 두 갈래로 주문하면 이렇다. 지난 120년간 외치의 목표는 우리를 후원할 '공평대국'을 찾는 일이었다. 박근혜 정권은 자존심 대결이 한창이다. '신뢰 프로세스'가 '신뢰 받기'가 아니라면 체면을 접고라도 일본·북한과 '신뢰 만들기'에 나서야 한다. 중국이 먼저 신뢰를 보냈기에 망정이지 어쩔 뻔했는가? 정한론자征韓論者 요시다 쇼인吉田松陰의 정신적 제자인 아베에게 무엇을 바라는가? 4강과 망나니 북한이 두는 강수를 살짝 엎어치기하는 지렛대 전략이 묘수다. 신뢰를 줘야 지렛대가 넘어온다.

오랜만에 한 건은 했다. 한·중 자유무역협정FTA. 문제는 자유무역이 국내에 미칠 충격을 흡수할 완충기 설치다. '국민대통합' '복지와 경제민주화' 같은 버려진 목표를 다시 꺼내들어야 한다. 힘든 생계에 낙심하는 국민들을 어떻게 위로할까? 소비 급락에 우는 자영업자, 조기퇴직에 망연자실한 중·장년을 방치하는 국가는 정상국가가 아니다. 저급한 무상복지 논쟁을 잠재울 논리를 왜 못 찾는가? 복지는 양보한 임금을 보전하는 '사회적 임금'이다. 임금 양보가 없는 복지는 재정적자를 늘릴 뿐이다. 자유무역의 사회적 대비책은 강자의 임금 양보, 약자 수용 복지다. 다른 한편, 기업인·직장인·노동자 모두 신바람 낼 구심점은 어디 있나. 분규 관련, 부당해고 노동자 모두 생산현장에 복귀시키고 강한 노동조합도 위기 극복에 나서야 한다. 법치적 처벌보다 '생산성 동맹'을 모색하게 하는 게 한 수 위 정치다. 집권 3년 차, '제3의 변혁'을 가동할 통치철학, 국민들이 화답할 공명共鳴의 정치를 기대해도 좋을까.

2. 안개의 시간

요즘 화제의 책『대통령의 시간』을 읽다가 덮어버렸다.[12] 치적 평가를 백성에게 맡기는 동양윤리에 어긋나는 것도 그랬고, 천문학적 혈세를 집어삼킨 '4대강' 논란에 쐐기를 박는 몰염치가 도덕정치의 소중한 원칙을 뭉개는 듯한 낭패감을 줬다. 그 책을 들었던 것은 제목이 너무 근사했던 탓이다. 동양에서 시간의 색깔과 성격을 규정하는 주체는 세상을 주재하는 천天과 천명天命, 그리고 천명의 대리인인 최상의 권력자였다. '대통령의 시간'은 통치자의 영광이 아니라 권력의 질質, 백성이 겪어야 했던 민생고의 무늬다. 대통령의 시간에는 매화가 피었을지 모르나 백성의 텃밭엔 쑥대·망초가 그득했다.

　　통치자가 수행한 천명의 표상이 역曆이다. 서양의 역은 지구 자전주기로 계산된 천문학적 단위지만, 동양에서 그것은 세상 질서와 백성의 성정性情을 두루 살피는 도덕적 의미가 들어 있다. 고래로 중국이 채택한 시간은 달의 주기에 맞춘 월력月曆과 천문학적 주기인 일력日曆을 합한 것이었다. 월력의 의미는 축제와 종교제례였고, 일력은 농경農耕 시간이었다이삼성, 『제국』. 우리는 월력에 따라 조상 숭배와 제천행사를 치르고, 일력 절기에 맞춰 농사 준비에 돌입하곤 했다. 시간 관리는 곧 정치였다.

　　역성혁명이나 반정에 성공했을 때 연호年號, 즉 시간의 성질

---

12 〈중앙일보〉, 2015년 2월 24일자.

을 바꾸고자 했던 이유가 여기에 있다. 청나라 최고 부흥기에 융희隆熙와 건륭乾隆을 연호로 내걸었고, 고종이 대한제국에 광무光武를, 순종이 융희隆熙를 채택한 것도 '시간의 무늬'를 바꾼다는 통치철학의 표명이었다. 연호에 담긴 통치자의 시간은 천명과 살림의 총체였지만 음악이 흘러넘치는 태평성대의 선정善政에 더 초점이 맞춰져 있었다. 그런데 도덕과 생존을 제대로 건사하지 못한 '실용實用정부'가 뒤늦게 매화타령을 하고 있으니 책을 던질 수밖에.

돌이켜보면 연호에 걸맞은 업적을 쌓은 통치자는 그리 흔치 않다. 30년 군부독재를 청산한 YS의 '문민文民'정부는 문민의 다른 반쪽인 경제를 결딴내 자신의 공적을 무화시켰다. 경제 회생에는 성공했지만 권력의 소재가 헷갈렸던 DJ의 '국민의 정부'는 노벨상 영광 이후 의욕이 소진됐다. '국민의 정부'가 못다 한 과업을 심화한 개념이 노무현의 '참여'정부였다. 그런데 보수를 따돌린 참여에 제동이 걸리자 '참여'는 곧 전방위적 시비걸기로 바뀌었다. 친노親盧와 비노非盧의 쟁투, 야권은 여전히 그 후유증을 앓는다. 그래도 이 정권들은 시대인식과 과녁이 분명했다는 점에서 정치사적 연결선을 찾을 수 있겠다. 어디로 가고자 하는지, 적어도 누가 진두지휘하는지 분간할 수는 있었다.

연이어 등장한 보수정권은 좀 달랐다. 연호 없이 통치자의 성명을 과감하게 내걸었다. 자신에게 위임된 시대정신을 완수한다는 자존감의 선포였는가? 연호가 시간의 무늬고 통치철학의 압축이라면 십분 양보해 이명박 정부에 '실용'을 허락하자. 그렇다면 박근혜 정부의 비전은 무엇이고 역사적 메시지는 무엇인가? 내일이면 집권 3년 차를 맞는 '박근혜의 시간'에서 비전과 의의가 잘 읽히지 않는다는 불만은 비단 필자만의 소견은 아니다. 지난 2년은 시야가 흐려 잘 보이지 않은 안개의 시간, 즉 무력霧曆이었다.

　　정당정치가 한계에 다다른 한국에서 '안개의 시간'을 빚어낸 탓을 온전히 통치자에게 돌리는 것은 부당하다. 야당의 몽니가 초기 1년을 망가뜨렸고, 2년 차 정치는 돌발적 참사에 침몰했음을 모르는 바 아니다. 정당정치는 시민들과 오래전에 분리됐다. 그래도 대통령의 돌파력으로 버텨왔던 게 한국정치이기에 조국근대화 영웅의 아우라를 걸친 박근혜 대통령이 산업화와 민주화를 넘어 새로운 시간대로 진군하기를 은연중 바랐던 거다. 과학적 일력을 '산업화', 도덕적 월력을 '민주화'에 비유한다면 일력과 월력을 융합한 참신한 정치를 원했던 거다. 높은 기대 속에 치적이 용해된 탓인가, 앞이 잘 분간되지 않은 시간이었다. 청와대가 내민 '2년 정책 모음'은 그냥 평범했다. 안개의 시간 '무력 2년'은 그렇게 지났다.

　　그리고 3년이란 장구한 시간대가 출발을 대기하고 있다. 경제에 획기적 대변혁을 이룰 시간, 결핍된 시민성을 메워야 할 시간, 한국인 특유의 활력을 모아 가슴 울렁이는 이정표를 세울 시간이다. '안방 군불 때기?' 세상이 후끈 달아올라야 안방 온돌도 뜨거워진다. 실수가 좀 있어도 청와대가 시끌벅적해야 시민들도 그 개혁 열기에 감전된다. 집현전 학사 수십 명을 대동한 세종은 해시계와 물시계를 만들어 시간을 관리했다. 해시계가 정오를 가리키면 보신각종을 울렸고, 북악산 물을 흘려보냈다. 백성의 농사일과 생존을 책임진다는 시간정치의 표상이었다. 그런데 수백 년 후 무력 2년 동안 종소리, 물소리가 잘 들리지 않았다. 향후 3년도 여전히 무력無曆일까. 마음이 가볍지 않다.

분노의 하이킥

2016년 4월 총선, 주인主人을 박대한 대가는 쓰렸다.[13] 패배라는 말은 사전에 없는 '선거의 여왕' 박근혜 대통령은 적이 당황했을 거다. 아님 패씸한 마음이 들었을지 모른다. '배신의 정치'를 심판하라 일렀거늘 감히 배신을 때리다니. 사실 배신을 때린 것은 청와대와 집권당이었다. '국민이 주인입니다. 진정 섬기겠습니다.' 정권마다 읍소한 '머슴론'이나 '섬김서약'이 엊그제 일인데, 지난 3년은 마치 국민이 생존을 투탁하는 구활비口活婢 같다는 느낌을 저버릴 수 없었다. 추상같은 호령에 눌려 벼슬아치의 상소는 아예 자취를 감췄고, 서민이 저잣거리에서 올리는 상언에도 대체로 비답批答은 없었다. 국민은 주인이 아니라 구경꾼, 객客이었다.

주객전도는 공천 과정에서 극에 달했다. 여야를 막론하고 공천관리위원회는 원칙과 명분이 분명치 않은 칼질을 해댔다. 말이 좋아 컷오프지, 누군 자르고 누군 꽃가마를 태웠는지 아무리 애써도 알 길이 없었다. 욕설이 난무했다. 그 와중에 진박眞朴이 우르르 몰려다니고, 옥새를 갖고 튀고, 공관위원장은 조폭언어를 구사했다. 난도질 끝에 불쑥 내민 여야 공천명단에 객은 토를 달 수 없었다. '자, 이제 골라보시라!' 아무튼 찍어야 했다. 명령받은 주권

---

13 《중앙일보》, 2016년 4월 18일자.

분노의 하이킥

主權, 그것은 객권客權이었다.

　　객이 날린 분노의 하이킥! 20대 총선은 그것이다. 그러니 뒤집어질 수밖에. 객의 분노는 무서웠다. 서울과 수도권에서 새누리당은 쫓겨났고, 대신 지리멸렬한 더불어민주당이 불려왔다. 오죽했으면 보수의 아성 강남·송파·분당에서 그런 일이 발생했겠는가. 받아들일 세입자가 마땅치는 않았지만, 총 122석 중 70%를 야당에 줬다. 새누리당은 대구 본가에서도 혼쭐이 났고 문중이라 여겼던 부산에서는 더 곤욕을 치러 결국 대갓집을 비웠다. 더불어민주당은 본가인 호남에서 쫓겨났는데 수도권이 불러주는 통에 얼떨결에 대갓집을 차지했다. 이런 어부지리가 있을까, 표정 관리에 애를 써야 할 판이다. 분노의 표심에 힘입어 호남에 입주한 국민의당은 타 지역에서 더러 선전했으나 역부족이었다. 본가에 셋방살이라도 하게 된 것은 그나마 다행이다.

　　주권의식의 울화증은 정당의 원적原籍을 거의 갈아치울 만큼 무서웠다. 주인이 당연히 계약을 연장해주는 '텃밭정당'은 없다는 것을 선언한 선거였다. 이른바 '월세月貰정당'이 탄생했다. 여야 3당은 이제 주인의 엄격한 감사를 받아 언제라도 짐을 싸야 할 '월세정당'이 되었다. 세입자를 평가할 기회가 매년 찾아온다. 2017년 대선, 2018년 지방선거, 그리고 2020년 총선. 수도권이 국민의당을 호출할 수도 있고, 새누리당은 경북으로 퇴각할지도 모른다. 정권은 수도권 중산층의 향배에 달렸다. 분노의 표심, 그

진앙지는 청와대이고, 박대통령이다. 군주론적 나 홀로 통치양식에 단단한 장벽을 둘러쳤다. 노태우 정권 초기 13대 총선과 표심이 정확히 같다. 당시 민정당 125석, 평민당과 통민당 합쳐 129석, 공화당 35석 분포였다. 정권은 줬지만 독재본가 민정당을 견제하라는 요청이었다. 합의하지 않고는 파열음이 터진다. 2016년 표심은 3당체제의 이런 위험을 감수하고 훈계정치 중단을 명령한 것이다. '의논해서 하시오!'라고. 통치자에서 조정자로 변신하라는 맹렬한 호소를 박대통령은 읽어내야 한다. 마음속 화쟁和諍위원회가 필요하다.

신념에 맞지 않는 흥정과 교환의 정치에도 선뜻 응해야 한다. 야당연합이 들고 나올 상품이 만만치 않기 때문이다. 우선 거센 증세압박에 '증세 없는 복지' 원칙을 폐기해야 할지 모른다. 국민연금 허물기, 노인연금 30만 원 지급, 재벌대기업 규제 강화 피켓을 들고 나설 야당의 강공에 직면할 것이다. 거기에 국정원·세월호 청문회 압박, 국정교과서 철회가 겹치면 정국은 소용돌이다. 무소속을 몽땅 영입해도 겨우 130석 남짓, 167석인 야당연합을 어찌 이겨낼까. 보수정권에서 받은 서러움을 단번에 씻고자 벼르는 수십 명의 특무상사들이 몸을 풀고 있다.

2015년 6월, 야당의 법안 끼워 팔기에 화가 난 대통령이 분노의 하이킥을 날렸다. 여의도 정치를 '난센스'와 '패권주의'라 질타했고, 국회법 개정안을 청와대로 반송한 유승민 당시 원내대표는 '배신자'가 됐다. 그 분노의 하이킥을 채 1년도 안 돼 구경꾼이 돌려줬다. 3당체제가 파열로 갈지 여부는 결국 박대통령에게 달렸다. '조정의 여왕'으로 변신한다면 아직은 유권자 가슴속에 남은 애정이 발화할 텐데. 며칠 전 박대통령은 "민의가 무언지 생각하는 계기가 됐다"고 운을 뗐다. 내년 봄까지는 야당의 씻김굿, 다음 열 달은 대선정국이라는 활화산, 새 정권이 들어설 2018년은 거중조정과 지자체선거로 날이 샌다. 훈계정치로 민의를 돌파할까, 아니면 화쟁정치로 회군할까^{그런데 탄핵이 몰려왔다}.

불볕더위가 점령한 도심은 적막하다. 휴가를 갈 수 있는 사람은 떠났다.[14] 비행기로, 기차로, 승용차로 평소 바쁜 일상에서 점지해 둔 힐링의 마을을 향해 신용카드 몇 장과 휴가비를 단단히 챙겨넣고 떠났다. 떠나지 못한 사람들이 삼복더위에 지친 도심을 지켰다. 열심히 일하지도 못했고, 열심히 일할 기회도 없고, 열심히 일할 전망도 보이지 않는 세대, 청년세대 말이다. 다음 학기 학비와 생활비를 벌어야 하는 편의점 알바, 식당 파트타이머, 가정교사, 그리고 스펙 쌓기에 여념이 없는 취업준비생, 시험을 앞둔 각종 고시생, 임시직과 일용노동자.

여기에 대학입시에 올인하는 고등학생 200만 명을 합하면 16~29세 청년세대가 텅 빈 도심을 지켰다는 말이 된다. 의당 그래야 한다고? 그들은 휴가를 즐길 자격이 없다고? 아니다. 한국처럼 청년세대에 잔혹한 나라가 없다. 바캉스를 업무보다 중시하는 프랑스는 청소년에게도 '휴가향유권'을 부여해 역사 명소 탐방, 체육활동, 영화·연극 관람용 '할인카드'를 제공한다. 이름 하여 '여름연대'다. 스포츠를 중시하는 영국은 취약계층과 청소년에게 각종 체육시설, 테니스, 볼링을 부담 없이 즐기도록 '여가여권leisure

---

14 《중앙일보》, 2016년 8월 8일자.

^{passport}'을 발급한다.

　지난 국무회의에서 언급된 호주의 '청년수당'은 너그럽기로 유명하다. 16~25세 정규학생, 직업훈련자, 인턴, 구직청년에게 매월 50만 원가량 격려금이 지원되며, 26세 이상 성인도 계속 배우고자 한다면 교육지원금^{Austudy}을 받을 수 있다. 말하자면 '청년을 위한 나라'다. 돈이 많아서도 기성세대가 너그러워서도 아니다. 휴가와 여가는 시민교육이다. 청년 시절에 시민정신을 길러 공존사회를 만들라는 준엄한 명령이고, 미래역량을 쌓아 노후를 책임지라는 기성세대의 보험금이다.

　한국도 부서별로 뒤져보면 이런 유형의 지원금이 없는 것은 아니지만 주로 학업 관련 장학금이 주류를 이룬다. 학비 보조·반값등록금·국가장학금·문화바우처가 그것인데, 주로 취약계층과 저소득층에 집중되어 있다. 지방자치단체가 청년과 퇴직자를 위해 구직·취업 지원 제도를 더러 운영하고 있으나 독일의 연방고용청, 스웨덴의 노동시장국과 같이 전국망과 연결된 총괄체계는 물론 아니고 소정의 생계비도 기대할 수 없다. 돈이 없어서가 아니다. 그런 목적에 돈을 써본 적이 없고, 심지어는 '포퓰리즘' 혹은 '도덕적 해이'라고 간주한다.

　'청년활동수당'을 강행한 서울시에 대해 여당 대변인이 쏟은 독설이 그렇다. 그렇게 말렸음에도 자신의 '정치적 의도를 관철시킨' 박원순 시장은 '소통의 절벽이자 독불장군'이라는 것.

이유는 걸작이다. "성실한 청년의 꿈과 의욕을 저하시키고 도덕적 해이를 조장한다." 거꾸로 묻고 싶다. 청년들이 절규하는 동안 정부와 여당은 무엇을 했는지를. 서울 청년 144만 명 중 겨우 3천 명, 1년 예산 90억 원 정도를 그나마 '청춘유지비'로 '살포하는' 것이 박원순 청년도당을 규합하는 일인가? 프랑스 '여름연대' 예산은 수백억 원, 호주의 청년수당은 노령연금과 합해 수십조 원에 이른다. 청년수당·공공산후조리원을 외친 이재명 성남시장을 정부가 틀어막았다. 모두 청년을 위한 고육지책임에도 '보편적 복지'가 아니라는 이유다. 위화감을 조장하지 않는 청년적응수당을 신설하면 되지 않는가. 정보영상세대의 필수품인 인터넷 비용, 신문 저널 구독비, 교통비, 취업훈련비, 구직비 등 청년복지 선진국들이 짜낸 프로그램 명칭은 다양하고 길다. 입에 발린 소리만 해대는 정부, 자신이 구축한 생존법칙에 청년세대를 가둬버린 기성세대에게 그런 리스트는 외계인의 발상이고, 조선산업 살리기에 12조 원을 쏟는 정부에 청년 현금 살포는 부도덕할 뿐이다.

그런데 한번 인구 구조를 보라. 10~29세 연령대 1240만 명이 50대 이상 1750만 명을 먹여 살려야 할 날이 곧 다가온다. 9세 이하 아동인구는 450만 명으로 반 토막 났다. 20년 후 1명이 4명을 먹여 살려야 하는 생지옥이 된다. 청년수당은 미래세대에 대한 작은 저축일 뿐인데, 지난 국무회의에서 서울시장과 보건복지부·고용노동부 장관 간 오간 '격론'은 불과 5분 정도였다. 보도에 의하면 대통령과 각료, 수석들은 침묵했다. 하찮은 일이라서 그랬을까, 아니면 봇물 터질까 두려웠을까. 그런데 다음 날, 대통령은 저출산 문제를 '국가존망이 걸린 국정 제1과제'로 규정했다. 특별 기구를 만들었다고도 했다. 청년수당조차 거부하는 판에 애 낳을 작은 집과 일정소득을 어찌 보장한다는 말인가. 청년 일자리를 위해 시작된 노사정합의도 제 밥 챙기기로 해산했다. 청년을 불볕더위로 몰아넣는 현대판 노역제, 이것이 한국 청년 잔혹사의 현주소다.

열심히 일할 기회도 없고,

열심히 일할 전망도 보이지 않는 세대.

한국처럼 청년세대에게 잔혹한 나라가 없다.

프랑스 '여름연대' 예산은 수백억 원,

호주의 '청년수당'은 노령연금과 합해

수십조 원에 이른다.

휴가와 여가는 시민교육이다.

청년 시절에 시민정신을 길러

공존사회를 만들라는 준엄한 명령이고,

미래역량을 쌓아 노후를 책임지라는

기성세대의 보험이다.

한국은 그러한 노력을 '포퓰리즘' 혹은

'도덕적 해이'라고 간주한다.

광장의 겨울

눈보라가 치는 날이 잦아진 걸 보니 겨울이 오긴 왔나보다.[15] 계절 바뀐 줄 모르던 플라타너스 잎사귀들이 눈의 일격을 맞고 추락했다. 따뜻했던 가을 날씨 탓도 있으려니와 자동차 매연, 행인들의 온기, 건물이 내뿜는 온풍이 가로수가 착각하게 도왔을 것이다. 안 그랬으면 일찌감치 광합성작용을 멈추고 떨켜층을 만들었을 것을, 그리하여 바람 속에 겨울 감촉이 조금만 포착됐어도 정겹던 나뭇잎과 미련 없이 작별했을 텐데.

징후가 없었던 것은 아니다. 시민정치에 한파가 몰아치리라는 예감, 그 한파가 자기검열의 촉수를 일깨워 싫어증이나 가위눌림을 자주 일으킬 거라는 두려움 말이다. 정권 초기 군 장성, 율사, 강성 관료들로 장벽을 둘러칠 때만 해도 무너진 국가기강을 바로잡는 것이려니 했다. '법치주의'가 조성하는 정당한 아우라에 이의를 제기할 민주시민은 없다. 그런데 그 법치가 혹시 범부凡夫에게 겨누는 국가권력의 칼날로 느껴질 때를 조심해야 한다. 원래 광장에 모여드는 시민들이 모두 뚜렷한 주관을 갖고 있는 것은 아니다. 이른바 '대중의 반역'은 직업 선동가들, 불순세력에 의해 우연히 점화되기도 한다. 문제는 선거 때마다 힘껏 던지는 귀중한 주권이

15 《중앙일보》, 2015년 12월 8일자.

결국 종이돌paper stone일 뿐이라는 절망감, 아무리 외쳐도 돌아오는 비답批答이 '법치'라는 철옹성 개념일 때 시민들은 광장으로 간다.

　　광장은 원래 정치적이다. 분노와 절망이 표출되는 유일한 장소이고, 정권과 시민이 벌거벗은 채 맞부딪치는 공론장이다. 시민혁명의 선두주자인 프랑스 레퓌블리크 광장에도 정권과 시위대가 맞붙었다. 시민의지를 표상하는 수만 켤레의 신발 속에는 불순세력의 신발도 섞여 있다. 우리의 광화문광장도 다를 리 없다. 2015년 11월 시위에서 맹활약한 복면대원들은 불순, 불만 세력일 개연성이 높지만 그와 구별해 시민들의 분노심리를 읽어내는 능력, 거기에 응답하는 진심이야말로 국가법치를 시민법치로 승격시키는 지혜다. 그러기에 '좋은 정부'의 가장 중요한 덕목을 응답력 responsiveness이라 하지 않는가. '응답하라 1988'에 40, 50대가 열광하는 배경에는 호위무사로 나선 장관, 검찰총장의 일방적 발언이 도사리고 있다. 닭장차를 두려워하지 않았던 젊은 날의 무모함 속으로 망명해서 법치의 시민적 기원을 되새기고 싶은 것이다.

　　광화문광장은 주권시민의 작은 외침들이 켜켜이 묻힌 거대한 역사적 공동묘지다. 1893년 겨울, 전봉준 이하 동학교도들이 지금의 교보빌딩 근처에 목을 조아렸다. 이른바 창교자 최제우의 억울한 누명을 벗겨달라는 교조신원운동이었다. 척왜양斥倭洋, 일본과 서양 세력을 배척하여 의병을 일으킨다는 뜻을 주장한 것이 왜 사교邪敎인가를 따져 물었다. 고종의 비답은 준엄했다. "감히 사악한 설로서 방자하게 대궐 문 앞에서 절규한 것은 말할 것도 없고 꺼리는 것도 없는 행태가 극에 달한 것"이라고 했다. 이어 일어난 보은집회에는 "너희들이 돌을 쌓아 진陣을 만들고 장대를 세워 기旗를 만들고 칭하되 '창의倡義'라 하면서 통문을 돌리고 인심을 선동하니······ 창의가 아니라 창란倡亂이다"라고 꾸짖었다. 창의와 창란을 헷갈린 국가는 스스로 붕괴의 길을 가야 했다. 광화문집회를 '창란'의 프리즘으로만 보고 싶은 국가는 그 속에 위태롭게 매달린 시민적 공의公義를 놓친다. 눈보라의 일격을 맞고 떨어진 플라타너스 잎사귀처럼 말이다. 민주주의 광장이라 해서 주관적 결단의 표출 형식과 행동양식의 자유가 무한히 보장되는 것은 아니다. 노동 개악, 국정교과서, 폭력 과잉진압을 규탄하는 시위대의 함성에도 따져볼 것이 있다. 국가권력의 가면을 벗으라는 민주노총은 혹시 조직 이익 극대화를 위한 가면을 먼저 벗었는지도 따져봐야 한다. 주최 측인 범대위와 시민연대회의 역시 '대중의 반역'을 대변할 만큼 범부들의 신뢰를 얻었는지도 자문해야 한다.

그래서인지 광화문의 평화시위는 다행스러웠다. 쇠파이프와 밧줄 대신 등장한 초록 바람개비와 꽃은 감동스러웠다. 아니, 눈물겨웠다. 무도회를 연상케 한 가면행진은 '국가법치'에 대한 해학적 풍자였다. 풍자는 힘없는 피지배집단이 선택하는 희극적 행동양식이지만, 냉소와 좌절이 섞여 결국 비극적 공감으로 전환한다. 풍자는 민란의 징후다. 동학도가 '보국안민'과 '오만년 대의'

를 내걸고 창란할 당시 민심은 권력집단에 대한 풍자로 가득 찼다. 창란은 결국 작란作亂으로 진화했다.

평화시위가 끝난 광화문광장은 일상을 회복했다. 그런데 광장에 피어나는 저 비극적 공감은 점점 드세질 겨울 강풍에도 불구하고 법치의 주인을 묻는 시민들을 불러 모을 것이다. 시민 정치의 난장이 서는 곳, 광장에 겨울이 온 듯하다정확히 1년 후, 광장은 분 노한 시민들로 가득 찼다.

3부   시민의 시간

촛불의 물결은 장관이었다. 무너진 심정을 부여잡은 사람들이기에
더 감동적이었다. 생면부지 사람들 간에 잊었던 동지애가 흘렀다.
그 공감의 전파는 함성을 타고 전국으로 퍼졌다. 촛불집회에 모인
사람들은 비로소 시민이 되었다. 위급한 현실을 공감하고 해결을
위한 합주행동에 나서는 것이 시민-됨의 최소한의 요건이다.

이제는 시민민주주의

시민정치

시민정치가 폭발하는 데는 1년도 채 걸리지 않았다. 시민정치citizen politics는 대의민주주의가 민의民意를 제대로 반영하지 않을 때, 시민들이 대의정치로부터 소외되었다고 느낄 때 동원하는 여러 가지 압박수단이다. 인터넷 행동주의는 그 전형적 사례다. 인터넷 정보와 네티즌 반응이 자기검열을 거치지 않고 쏟아내는 '배설물'이라 비난해도 그 속에는 정치 현안과 그 현안을 처리하는 정치권의 방식에 대한 중대한 항의가 섞여 있다. 그것은 대의민주주의가 안고 있는 제도적 한계와 장벽을 뛰어넘어 솔직하고 즉흥적인 의사표시를 가능하게 한다. 미국 정치학자 헌팅톤D. Huntington으로 대표되는 엘리트주의자들은 시민들의 참여과잉이 거버넌스를 위협해서 민주주의의 효용성을 약화시킨다고 지적한다. 그런데 그 효용성은 종종 정당과 정치인의 이득과 관련되거나, 사회 갈등을 내세워 다양한 쟁점을 주장하는 이슈공중issue publics의 발언권을 오히려 제약해왔다는 사실이 민주주의의 위기를 낳는 근본요인이다.

미국과 영국에서조차 정당정치와 대의민주주의는 시민사회의 절박한 요청을 적절히 수용하지 못할 만큼 한계를 드러냈다는 것이 일반적 평가다. 그러므로 언뜻 무질서해보이는 시민정치는

20세기 민주주의의 취약점을 보완하라는 시민적 요구이며, 거버넌스와 효용성에 대한 도전과 위기가 아니라 민주주의의 진화 과정의 성장통이다. 민주주의에 대한 엘리트주의적 관점을 옹호하는 사람들은 자신 혹은 사회지도층이 흔히 '기득권'이라 지적하는 헤게모니 권력을 얼마나 배타적으로 운영해왔고, 그 권력 행사 과정에 시민을 어떻게 배제해왔는지를 심각하게 성찰해야 한다. 독일의 사회학자 다렌도르프[R. Dahrendorf]가 일찍이 간파했듯이 "대의제 통치는 더이상 과거처럼 강제적 명제가 아니다. 그것 대신에 이익 갈등을 표출하는 새로운 제도적 형태의 탐색이 시작됐다." 이런 지적을 한 것이 1975년이다.[16]

시민정치의 집요한 요구가 없었다면, 광장에서 열린 촛불집회가 매주 지속되지 않았더라면, 2016년 12월 9일 대통령 탄핵안은 통과되지 않았을 것이다. 궁지에 몰린 박근혜 대통령이 던진 마지막 묘수 '3차 담화[11월 29일]'에 의해 탄핵 찬성으로 거의 기울었던 새누리당 비박[非朴]그룹이 얼마나 흔들렸는지를 우리는 목격했다. 12월 3일, 200만 명이 넘는 인파가 토요일 오후를 광장에 헌납했고, 정당들은 깜짝 놀랐다. 당리당략과 득실 셈법을 버리고 시민들의 함성에 무릎을 꿇어야 했다. 시민정치란 이런 것이다. 무정형이지만 방향이 있고, 무질서 속에서 질서를 찾는다. 주름진 협곡 산골짜기 지류처럼 이리저리 흘러가지만, 결국 하나로 모여들어 대하[大河]를 이루는 그런 참여의 조각들이 시민정치다.

16 러셀 달톤(서유경 옮김), 『시민정치론(Citizen Politics)』, 아르케, 2010, 401쪽.

선거와 투표만이 민주주의의 참여방식이 아니다. 민주주의의 제도적 한계가 중대한 결정을 가로막거나 민의에 역주행할 때 시민들이 동원하는 참여방식은 여럿이다. 이를 '민주주의의 참여양식들 modes of democratic participation'로 개념화한다면, 캠페인, 공공기관 직접 방문, 자치단체 활동, 항의, 방송 참여, 언론 기고, 인터넷 행동, 전자 메일 호소 등 천지사방으로 열려 있다. 특히 인터넷 일등국으로 등극한 한국에서 여의도정치와 청와대정치는 결속력, 선동력, 행동력이 탁월한 인터넷정치 internet politics를 따라오지 못한다. 탄핵안 발의와 통과 기간에 드러난 정치권의 진자운동은 이 격차에 대한 명확한 확인이었으며, 정치제도의 근본적 개혁이 필요하다는 사실을 입증했다.

　　한국의 광장집회에 외신들은 경외감을 실어 뉴스를 타전했다. 200만 인파가 한자리에 모이는 광경을 처음 접했을 것이다. 이웃 일본이나 중국, 심지어는 미국조차도 유례를 찾을 수 없는, 200만 시위대의 일사불란한 집회와 산회는 한국에서만 가능한 현상이다. 독일의 《디 자이트》는 "한국의 시민집회는 놀라운 시민정치를 보여주었다, 민주주의 선진국인 유럽이 배워야 한다"고 썼다. 200만 인파가 발성한 하나의 목소리에서 한국인의 강한 민주적 심성을 발견했다. 공화국의 정체성을 뒤흔든 이 놀라운 사건의 중심이 대통령이라는 믿기 힘든 사실에 직면했을 때 시민들은 고통스러운 결단을 내려야 했고, 그걸 확인하는 결재 의례가

필요했다. 정치권은 시민정치의 정당한 절규를 어쨌든 감당해야
할 엄청난 숙제를 떠안았다. '군주의 시간'이 끝나고 '시민의 시간'
이 시작됐다.

시민정치의 집요한 요구와
광장의 촛불집회가 없었더라면
2016년 12월 9일 대통령 탄핵안은
통과되지 않았을 것이다.
정당들은 당리당략과 득실 셈법을 버리고
시민들의 함성 앞에 무릎을 꿇어야 했다.
시민정치란 이런 것이다.
무정형이지만 방향이 있고,
무질서 속에서 질서를 찾는다.
이제 '군주의 시간'이 끝나고
'시민의 시간'이 시작됐다.

오염된 주권을 회수하라

11월의 광장에는 실종된 주권의 행방을 묻는 시민들로 가득했다.[17]
아니 비틀리고 오염된 주권이었다. 국민행복과 원칙을 강조해온
단아한 차림의 대통령이 그럴 거라곤 차마 믿지 못한 무고한 시민
들이었다. 드문드문 그런 조짐들이 삐져나오기는 했지만, 그나마
조금 남은 기대감에 매달렸던 사람들이었다. 실체가 드러나자 경악
과 당혹감이 엄습했다. 시민 모두가 정신적 공황상태를 앓았고
자존심 증발에 몸을 떨었다. 고갈된 마음의 저변에서 분노와 수치
심이 끓어올랐다. 광장은 참담한 심정을 달리 표출할 방법이 없는
사람들이 모이는 곳이다. 어제의 광장은 어떤 뚜렷한 정치적 목적을
품었던 과거의 시위대와는 성격이 달랐다. 먼 곳에서 중고등학생이
배낭을 메고 왔고, 중장년들이 등산복 차림으로 왔으며, 청년들과
가족들이 연인과 아이들의 손을 잡고 왔다. 박근혜를 찍었다는 행상
차림의 할머니는 아무나 붙잡고 미안하다는 말을 연발했다. 정당
당원들과 노조 조합원들이 '하야!'를 외쳤는데, 그것만으로는 주
권자의 찢긴 상처를 위로하지는 못했다. 대통령을 감싸는 열혈 지
지자들의 찬송 구호가 단말마처럼 솟구쳤으나 북악을 때리는 성
토 함성에 파묻혔다.

17 《중앙일보》, 2016년 11월 14일.

대통령이 필사적으로 기댈 저 열혈 지지자들도, 방패와 헬멧에 앳된 표정을 감춘 어린 전경들도 4년 전 위임한 주권을 돌려달라는 시민의 호소가 정당함을 알고 있다. 정권의 정당성은 한번 깨지면 회복할 수 없는 유리그릇과 같다. 깨진 유리그릇을 수리하는 유일한 방법은 새로운 정권의 수립이다. 설령 대통령의 배후에서 어찌 견뎌보려 술수를 궁리하는 세력이 남아 있다면, 국민주권 원리에 거역하는 무뢰한, 이미 오염된 헌법질서를 더 더럽히려는 역모자다.

전국 주요 도시의 터미널은 광화문으로 향하는 시민들로 북새통을 이뤘다. 누가 권한 것도 아니었다. 스스로 억제할 수 없는 발길이었다. KTX표가 일찌감치 매진되고, 서울행 고속버스도 만원이었다. 관광버스가 특수를 누렸다. 명절과는 역방향, 마치 삼천리 골짜기 지류가 모두 합류해 하나로 상행上行하는 강물이었다. 배낭에는 대통령에게 던지는 질문이 가득 들어 있었다. 청와대를 호위무사로 채우고 국가의 공적영역에 탐욕의 도당을 불러들인 그 대통령에게 말이다. 시민들은 오랫동안 품어왔던 그 질문들을 광화문광장에 풀어놓고 촛불을 켰다. 오염된 주권, 훼손된 민주주의를 복원하는 제례祭禮다. 통치자가, 집권세력이 그렇게 애틋하게 호명했던 '국가주의'를 시민 스스로 내치는 자율적 시민정치의 결단식이다. 박정희 시대에서 그의 딸에게 전승된 엄숙한 국가주의, '국가와 국민'을, '경제와 안보'를 남용해 시민민주주의의 숨통을 막았던 전제적despotic 통치양식에 종언을 고했다. 국민과의 대화보다 비선과의 밀회를 선택한 통치자의 마지막 결단을 촉구했다.

시민들은 묻는다. 대통령은 누구와 얘기했는가를, 대통령은 그때 어디에 있었는가를. 외로움을 토로했던 대통령보다 시민들이 더 외롭고 추웠다는 사실을 말이다. "#내려와라!" 초롱한 눈망울의 어린아이 손에 들린 이 팻말은 어른들을 민망하게 만들었다. 지방에서 상경한 청소년들이 물었다. "왜 공부해야 하는지 말해주세요." 그들의 손에 들린 "하야!" "퇴진!"이란 글귀가 어떤 정치적 태풍을 몰고 올지를 그들에게 묻는 것은 잔인하다. 식당 문을 일찍 닫고 나왔다는 중년의 자영업자는 의욕이 사라졌다고 토로했다. 강원도 화천에서 상경한 초로의 농민이 말했다. "농사짓기가 허망해요!" 누가 서민의 활력을 걷어갔는가? 운집한 군중 너머 농악이 시작됐다. 꽹과리와 징 소리가 시민들의 허망한 가슴을 채웠다. 젊은 음악인들은 해시태그를 섞어 랩을 노래했다. "하야, 하야, 하야……." 정치적 구호가 랩에 실려 퍼지자 촛불은 운무가 되어 흘렀다. 조선시대 양반을 조롱한 탈춤 한마당은 이 시대 광화문에서 랩과 비보이 춤으로 진화했다. 시위는 목숨 건 충돌이 아니라 조롱과 냉소를 날리는 시민축제였다. 전국 방방곡곡에서 치켜든 수십만 개의 희망촛불은 결국 어둠을 물리칠 것이다. "비켜라!" 어린 전경들의 인의 장벽을 뚫고 행진이 시작됐다. 어떤 권력이 시민들의 행진을 막으랴. '국민행복시대'에 빼앗긴 행복을 되찾는 행진을 누가 막으랴.

우리는 빈약한 내치를 묵묵히 감당했다고 해서 '하야'를 외치지
는 않는다. 시민은 도덕적이다. 무능한 통치자라도 예의를 갖춘다.
그런데 북악기슭 깊숙이 칩거한 대통령은 함성을 듣고 있는가?
어린아이가 치켜든 촛불의 의미를 깨닫고는 있는가? 공사公私를
섞고, 정보를 통제하고, 기업과 노동자를 곤경에 몰아넣고, 세무
감사와 사찰기관을 동원한 통치양식을 더 연장하기를 원하는가?
그렇다면, 법치와 헌법정신의 시민적 기원을 배반하는 민주주의의
적敵이 된다.

　　국정 전반에 친애하는 최순실의 손길이 넝쿨처럼 뻗쳤다.
민주화 30년에 이런 일이 일어났는데, 대통령의 자기검열에도
걸리지 않았다. 대통령은 국가의 어른이고, 헌법 수호자다. 대통
령의 말과 행동은 국가 운명과 국민의 일상생활에 지대한 영향을
미친다. 그런데 헌법 위반 가능성에 대한 자각이 없는 대통령의
태도에 우리는 경악한다. 헌법조항이 아니라 헌법정신을 통째로
망가뜨렸다는 사실을 인식시키는 데에 얼마나 더 많은 시민들이
모여야 하는가? 얼마나 더 큰 함성이 필요한가? 100만 명이 아직은
적은가? 경제와 안보 때문이라도 정권 연장은 불가다. 광장에 운
집한 시민들에게 주권을 당장 돌려주면 된다. 헌정유린을 방조한
새누리당은 당장 해체하고, 친박親朴 무리는 국민의 용서를 기다리
면 된다. 최순실 사태에 연루된 인물들을 색출해 심판대에 세우면
된다. 헌정회복의 전제조건이자 국가 위기를 푸는 첫 단계다.

헌정회복의 거친 행로는 모든 권력을 국민에게 즉시 돌려준다는 대통령의 공식선언에서 시작된다. 이후의 국가 운영을 국회든, 비상시국국민회의가 맡든 그건 대통령이 우려할 바가 아니다. 하나 남은 정당성, 국회에 기댈 수밖에 없다. 두 개의 바퀴 중 하나가 빠진 상황, 이른바 '권력의 진공상태'는 정치적 혼란을 필수적으로 동반한다. 집권을 향한 처절한 투쟁과 혼란이 겨울 내내 계속될 것이다. 시민정치가 활화산처럼 폭발했다. 우리는 이미 예고된 '춥고 긴 겨울'을 감내할 각오를 해야 한다. 혼란비용을 줄이고, 정당 간, 사회집단 간 혈투를 어떻게든 조정해나갈 것이다. 국가주의의 긴 터널을 빠져나온 시민정치의 공동과제가 그것이다. 우리는 민주화 이후 구축한 민주주의의 허점을 뼈저리게 알아차렸다. 어제의 함성은 민주정치의 총체적 재정비를 요구한다. 괜찮은 시민민주주의civic democracy는 쉽게 오지 않는다. 비용을 치를 가치가 있다.

오염된 주권을 회수하라

가보지 않은 길

트랙터를 몰고 상경한 '전봉준 투쟁단'은 양재 IC에서 멈췄다.[18] 진눈깨비가 내리는 광화문, 시민항쟁단은 청운동에서 막혔다. 청와대가 코앞이었다. 관군과 항쟁군은 국가기강을 문란케 한 통치자와 횡포무리를 척결하라는 광장의 외침에는 한편이었지만 직역이 달랐을 뿐이다. 122년 전 가을, 한양으로 진격하던 동학군은 안성 부근에서 관군과 일본군의 기관총세례를 받아 퇴각했다. 보국안민 깃발을 들고 승평일월과 군주의 덕화를 빌던 백성이었다. 군주가 급기야 효유문을 발했다. '경동하지 말고 집으로 돌아가 적자赤子로서 분수를 지키라.' 지난 토요일 밤 항쟁단은 집으로 돌아왔지만, 청와대의 묵묵부답은 마음이 찢긴 채 내놓은 고종의 비답批答보다 못했다.

상소 자격이 없는 소민小民 동학도에게 고종은 조선 공론 정치의 율법을 어기고 어지를 내리는 아량을 베풀었다. 122년 후, 대통령은 청와대에 있다. 청와대 사람들은 '민심을 무겁게 받아들인다'는 메시지만을 몇 차례 발령했다. 누구의 뜻인지는 불분명했다. 5차 촛불집회에도 박근혜 대통령은 관저 깊숙이 박혀 있었다. 눈발이 조금 날리고 촛불이 점멸하고 함성이 일었을 뿐 아무 일도

---

18 《중앙일보》, 2016년 11월 28일.

일어나지 않았다. 대저 어디가 끝인가?

　1987년 시민항쟁은 직선제 개헌과 민주정치 상량식을 일궈냈다. 국민이 집주인이 되었다. 첫번째 세입자는 '질서 있는 이행'을 책임진 노태우 정권이었다. 성공적으로 정권을 넘겨주고 집을 비웠다. 두번째 세입자는 민주주의의 기본골격을 구축하는 데에 온 힘을 쏟았다. 군부세력을 청산하기에 부족함이 없었다. 이후의 세입자들은 YS가 만든 '민주의 집'에 경제 관리 코너를 만들고 인테리어를 바꾸고 소소한 제도를 도입해 활용도를 높였는데, 재건축이 필요한 시점이 점차 다가왔다. 균열 조짐이 있었기에 조심스럽게 다뤄야 했지만, 그 집을 넘겨받은 박근혜는 자신이 주인임을 의심치 않았다. 내력벽을 허물고 골격을 바꿨다. 민주의 집은 결국 주저앉았다. 헛간에 피신한 대통령은 '세입자 중과실'을 전혀 의식하지 못한다.

　자발적 퇴진은 군주의 덕화에 기대는 것인데 대통령의 무치無恥 앞에서는 이미 가능한 경로가 아니다. 가보지 않은 길, 두 개의 시나리오가 가시화됐다. '탄핵과 돌발 상황.' 탄핵은 지리한 공방전과 탄핵 이후 급작스러운 대선정국을 거쳐야 하는 험로다. 출구 없는 상태에서 택한 차선책인데 치러할 비용이 태산이다. 다른 하나는, '돌발 하야'다. '세월호 7시간'이나 수치심을 유발하는 뜻밖의 사건이 돌출한다면 대통령의 마지막 버팀목인 자존심을 분지를 수 있다. 상상하기 싫으나 또다른 재앙이다. 대통령 궐위상황에서 대선을 두 달 내에 치러야 한다. 어쨌든 국민과 정치권에 부가된 짐은 산더미다. 정당성을 다 태워먹은 여당은 그렇다 쳐도, 무엇이 중한지 모른 채 집권 욕심에 들뜬 민주당, 틈새에 낀 국민의당은 탄핵, 돌발 상황, 대선, 개헌을 한꺼번에 감당할 내공이 없다. 불안하다.

비박의 집단 탈당과 신당 창립이 시급해진 이유다. 머뭇거리는 40여 명 비박계 의원들은 이미 망가진 새누리당에 어떤 미련이 남아 있는가?[19] '민주의 집' 잔해 속에 새누리당도 묻혔음을 아직 실감하지 못하는가? 김용태 의원과 남경필 지사는 백의종군했다. 신보수의 새로운 정치거점이 구축돼야 야당도 정신을 차리고 쓰나미처럼 몰려오는 정치 일정에 함께 대비할 수 있다.

촛불민심을 국민주권적 시민정치의 동력으로 승화시키려면 정당의 경쟁구도가 복원돼야 한다. 한 축이 무너진 채로는 버거운 정치 일정을 소화할 수 없고, 대선에서 불법이 낄 여지를 감시하지도 못한다. '보수의 대참사'가 일어났으므로 진보정권에게 차례를 넘기는 것이 순리지만, 세력균형이 깨진 대선판은 반드시 대규모의 불복세력을 생산한다. 그건 지금보다 더 큰 정치적 재앙이다.

뭔가 촛불의 가시적 결실을 보여주려면 '정당 재편성'이 필수적 조건이다. 손학규, 반기문이 새로운 구심점이 될 수 있다. 안철수든, 비박계든 손·반연대의 연출가로 나서 성사시킨다면,

---

19 김무성·유승민 등 새누리당 비박계 의원 34명은 2016년 12월 21일 "새누리당을 12월 27일에 탈당한다"고 선언했다. 탈당 의원들은 가칭 '개혁보수신당' 창당에 나서겠다고 밝혔다. 1990년 '3당 합당'으로 하나가 됐던 보수정당이 원내 교섭단체(20석)를 따로 꾸릴 정도로 나뉜 것은 이후 처음이다. 12월 27일 비박계 의원 29명이 새누리당 탈당·분당을 공식 선언했고, 2017년 1월 8일 당 이름을 '바른정당'으로 확정했다. – 편집자

가보지 않은 길

그런대로 경쟁적 정당구도가 만들어진다. 50대 기수론도 좋다. 그런데 명패만 남은 집권여당의 허망한 집터에 앉아 틈새반격을 잘도 해내는 친박계 의원들은 과연 '고목처럼 쓰러진 보수'의 참담한 현실을 직시하고는 있는가? 야당과 함께 쓰나미 정국을 헤쳐 나가려면 새누리당 장례식을 얼른 치러야 한다. 개헌을 논의해야 한다. 차기 정권의 순산順産 이후에 제대로 시작하려면 말이다. 현재의 정당 구도로는 탄핵, 개헌, 대선의 동시수행이라는 '가보지 않은 길'이 불안하기만 하다. 미국 시인 프로스트R. Frost는 이렇게 읊었다.

먼 훗날 어디선가 나는
한 숨 쉬며 이렇게 말하려나
숲 속에 두 갈래 길이 있었다고
덜 다닌 길을 갔었노라고
그래서 인생이 온통 달라졌노라고.

'환국換局열차', 출발하다

시민들은 민주주의 문법에 무지했던 대통령의 '군주의 시간'을 중단시켰다.[20] 청와대, 그 적막한 관저에 대통령을 위리안치圍籬安置, 죄인을 배소에서 달아나지 못하도록 가시로 울타리를 만들고 그 안에 가두는 것을 의미했다. 대통령이 할 수 있는 일은 없다. 직업과 계층이 다른 이질적 시민이 한 몸이 됐던 것은 정치의 최상위명제인 도덕정치와 신뢰를 목말라 한 때문이었다. 대통령의 인식공간에는 덕치德治 개념이 전혀 발견되지 않았다. 시민들은 마지막 수단인 법치를 발동했다. 궁정 내부에서 맴돌다 손상된 국민주권을 간신히 건져냈다. 매 주말 개최된 만인소萬人疏 횃불에 놀란 국회의원 234명이 도장을 꾹 눌렀다. '국가의 시대'가 마감되고 '시민의 시대'가 열렸다.

장쾌하고 비장했던 광장의 촛불은 내친 김에 퇴진운동으로 질주한다. 손팻말이 바뀌었다. 남쪽 바다 거문도 어민들이 항해시위를 했다. 뭍에도, 섬에도 상처가 그리 깊었다. 전국 100만 시민집회에 '조기퇴진'과 '구속수사'라는 구호가 출현했다. 집권 1,380일, 공무시간에도 대통령은 주로 집관저에 머물렀으니 그럴 만하다. 등목을 탄 꼬마의 손에도 팻말이 들렸다. 위리안치만으론 미완未完이라는 뜻이다. 광화문에 촛불 모형이 세워졌고, 세월호

---

20 《중앙일보》, 2016년 12월 12일.

영혼은 푸른 돌고래가 되어 둥둥 떠다녔다. 만인소 행렬이 다시 청와대를 에워쌌다.

정녕 아직은 미완이지만, 이 시점에서 조금 냉정해질 필요는 있다. 헌재 심의 중에 자진퇴진이 가능한지는 전문가 의견이 엇갈리고, 두어 달 앞당긴 조기퇴진이 중장기적 국정 안정화에 도움이 될지를 따져봐야 한다. 탄핵열차가 종착역에 들어오자 대선열차가 출발했다. 탄핵은 환국의 신호다. 탄핵열차의 승객은 일심동체, 이구동성의 촛불공중candle public이었다면, 환국열차의 승객은 쉽게 분절하는 이슈공중들이다. 환국열차는 개헌, 새누리당 심판, 국가 개혁, 경제위기역驛에 정차할 것이고, 사이버 공간에 떠도는 '박근혜 정권 부역자 색출운동'이 뒤섞이면 광장의 도덕적 취회聚會는 수 갈래 이념군중으로 갈라선다. 정당과 대선주자들이 판단할 사안이 이것이다. '구속수사' 물결에 편승할까, 아니면 국가 개혁 과제를 지목하고 차분한 대응을 요청할까.

광장을 통해 시민권의 힘을 체득한 시민사회도 숙고할 사안이 있다. 노동자와 농민, 각종 협회와 연맹이 익명의 시민들과 이렇게 단호한 공감을 가져본 적은 없다. 트랙터와 버스, 택시와 자가용이 한시에 경적을 울리고, 달동네와 고급아파트 단지가 일시에 소등한 적이 있는가. 산출 없는 '무정란 정치'가 불러온 의외의 소득이었다. 그런데 각자의 처소로 돌아가 박근혜 정권에서 감내한 손실 리스트를 꺼내보면 통치력이 증발된 무주공산 광장으로 다시 나오고 싶다. 농민의 '쌀값 보장'은 임금 생활자의 '밥값 인상'이다. 비정규직과 정규직의 이익충돌은 어제 오늘의 일이 아니고, 각종 파업명분을 시민이 양해할지 의문이다. 조선업과 해운업 불황, 경기침체, 여기에 재벌탄핵 깃발이 펄럭이면 경비병에 불과한 과도내각은 휘청거릴 거다. 고질적 정경유착을 폐하고, 통치기구의 투명성 확증방안을 논의해야 한다. 거버넌스가 위태롭지 않은 범위 내에서 말이다.

돌아갈까, 남을까. 떠나온 섬으로 돌아가는 조각배들이 광화문광장에 정박해 있다. 승선 거부를 외치는 사람들이 넘치지만, 국가 개혁과 단기적 정치 일정에 대비하는 일은 물론 그간 이념투쟁을 촉발해온 내 마음 속 거대한 암석뿌리를 성찰하는 일도 광장집회만큼 중요하다. 청와대를 축소하고 열어젖히는 것과 통치기구 개혁에는 보수, 진보 구분이 없다.

그러면 장기과제는? '시민의 시대'에 전개될 시민민주주의의 혈액이 문제다. '양보와 자제', 역지사지易地思之의 배려, 시민민주주의는 그런 '마음의 습관'으로 작동한다. 우리는 12월 9일, '구체제 청산'을 선언했는데, 핵심은 국가의존적 관습과 결별하는 거다. 몇 달의 통치력 부재공간을 시민자치로 건너야 하고, 곧 닥칠 삼각파도를 그것으로 견뎌야 한다.

2016년 12월 6일 서울대가 개최한 〈국가정책포럼〉에서 신정부가 겪을 '삼각파도' 경고가 나왔다. 경제학부 김세직 교수는

'환국換局열차', 출발하다

한국의 잠재성장률이 각 정권마다 1%씩 하락했다고 지적했다. '1% 하락의 법칙'이 유효하다면, 신정부는 경제성장율 0%, 과잉투자와 결합한 금융 위기에 직면한다. 공대 이정동 교수는 혁신 역량의 위기를 무겁게 꺼냈다. OECD 국가군에서 지적소유권 교역 적자폭이 가장 큰 나라가 한국이다. 뭔가를 해낸 듯한 '착각의 시간'이 지나면 급격한 '추락의 시간'이 온다. 차기 정권은 성장 위기, 금융 위기, 혁신 위기라는 삼각파도를 견뎌내야 한다. 광장에서 권리를 되찾아왔다면, 이제 의무를 수행할 차례다. 탄핵 성취 대가로 얻은 시민자치의 필수덕목은 '손실의 내면화'일 텐데, 우리의 시민성 창고에는 무엇이 들어 있는가? 광장에서, 혹은 귀로에서 자문할 일이다.

촛불, 누가 들었는가

누가 촛불을 들었는가? 이 질문은 매우 중요하다. 누가 가장 분노했으며, 누가 가장 열렬하고 적극적으로 행동했는가를 묻는 질문이기 때문이다. 미리 말하면, 교양시민이었다. 독일어로 Bildungsbürgertum, 학식을 갖춘 전문가 층이다. 독일의 19세기 중반, 자유주의를 구축한 쌍두마차가 '교양시민'과 '경제시민'이었다. 교양시민은 학식과 전문지식을 갖춘 사람들, 목사, 교사, 공무원, 교수, 엔지니어, 문화예술인 등이 주류이고, 경제시민 Wirtschatfbürgertum은 기업 활동을 하는 기업인, 상공인이다. 두 계층이 자유주의 윤리와 자본주의 정신을 형성해간 독일사회의 주축이었다. 교양시민과 경제시민이 넓고 단단하면 민주주의가 발전할 개연성이 높아진다.[21] 국가를 견제하고 감시하는 시민사회가 단단해지는 것이다.

2016년 11월, 12월, 연인원 1천만 명 이상이 광장집회에 참여했다. 누가 참여했는가? 얼마나 분노했고, 한국 민주주의의 발전을 가로막는 장벽에 누가 적극적으로 항의했는가? 서울대 국가정책포럼이 전국 7개 주요 도시를 대상으로 설문조사를 실시했다.[22] 집회 참여는 시민정치의 구조를 분석하는 데에 매우 중요하다.

---

21 20세기 초중반 왜 독일에서 나치즘이 출현했는가는 또다른 분석이 필요하다.
    제2차 세계대전 이후 독일은 빠르게 사민주의체제로 복귀했다.

'시민성'의 유형과 성격을 알려주기 때문이다.

시민정치는 시민성civicness의 발로이다. 시민사회가 성숙한 나라의 경우 국가정치는 시민정치의 영향을 직접 받을 뿐 아니라 시민집단의 요구를 반영하는 확률이 높아진다. 시민정치를 활성화하는 내부 에너지, 문제의식, 국가정치를 비판하는 능력, 비판의식의 표출양식이 곧 시민성이다. 시민성은 가치value, 태도attitude, 행동action 세 가지 차원에서 분석이 가능하다. '가치'는 평소에 배양하고 내면화한 덕목의 총체, '태도'는 다른 입장과 관점을 수용, 거부하는 명시적 표현, '행동'은 자신의 가치와 태도를 현실과 일치시키려는 실행적 노력이다.

조금 간략하게, 시민성을 두 차원으로 나눠서, 그냥 평소에 갖고 있는 생각인 '인지적 시민성cognitive civicness'과 그것을 직접 실천하는 '참여적 시민성engaged civicness'으로 구분해서 관찰할 수 있다. '인지'를 '참여'로 전환하는 계기는 매우 많은데, 참여적 행동은 결국 인지적 자원에 바탕을 둔다. 인지적 자원은 일상생활 속에서 다른 사람들과 교유, 친분, 대화, 모임 등에서 선택적으로 배양한 것이다. 사회심리적 이론을 종합하여 사람들의 참여 이유와 명분을 분석한 연구들은 세 가지 요인을 발견했다. 사람들은 '그들이 할 수 있다고 믿기 때문에' '하고 싶기 때문에' '혹은 누군가 권유했기 때문에'라는 것이다. 이것이 시민정치를 활성화시키는 요인들이고, 시민성이 배양되는 과정이다. 이를 '시민자발주의모델

---

22 서울대학교 '국가정책포럼'은 서울대 구성원들의 사회참여 활동을 촉진, 지원하기 위해 2016년 9월에 설립됐다. 필자가 조직위원장이다. 포럼은 탄핵을 일주일 앞두고 온라인 설문조사를 실시했는데, 경기도를 포함, 서울, 부산, 인천, 대구, 광주, 대전, 울산 도시민 1,000명을 대상으로 했다. 각 지역의 성별, 연령별 특성을 고려하여 층화표집 방법을 적용했다.

civic voluntarism'이라 한다면, 인지적 시민성이 참여적 시민성으로 발화하는 계기들을 중시한다.

촛불은 참여적 시민성이 발화한 결과다. 촛불시위에 직접 참여한 사람들의 분포에 관한 조사 결과를 간단히 요약하면 이렇다.

① 연령별로는 20대(27.1%), 40대(23.3%), 30대(17.9%), 50대(14.9%) 순이었다. 20대~40대를 합하면 68.3%여서 10명 중 7명이 젊은 층이었다. 물론 50~60대가 육체적 제약이 있다 치더라도, 50~60대는 10명 중 겨우 2명꼴로 목격되었고, 1명은 학생이었다. 젊은 세대의 분노가 하늘을 찔렀다.[23]

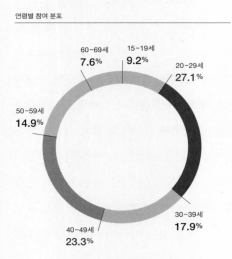

연령별 참여 분포

60~69세 **7.6%**
15~19세 **9.2%**
20~29세 **27.1%**
50~59세 **14.9%**
30~39세 **17.9%**
40~49세 **23.3%**

집단 내 참여비율	
15~19세	**31.2%**
20~29세	**41.0%**
30~39세	**24.2%**
40~49세	**27.1%**
50세 이상 (평균)	**17.5%**
50~59세	**18.9%**
60~69세	**16.0%**

23 탄핵 반대 행렬은 주로 50~60대였다. 태극기를 흔드는 그들의 모습을 젊은 층들이 어떤 시선으로 바라봤을까?

촛불, 누가 들었는가

② 학력별로는 대졸 이상이 68.3%를 차지해 대부분이 교양시민 요건 중 가장 중요한 기준을 충족한 사람들이었다. 고등학교 출신 (17.6%)이 상대적으로 작은 것은 한국의 학력이 세계에서 가장 높고, 고교 출신자들은 그 시각 사업장에 매어 있을 가능성이 많은 현실 때문일 것이다. 다른 한편, 동일 학력집단 '내' 참여율은 엇비슷했다. 대략 각 학력집단에서 25~30%선이 참여적 시민성을 갖추고 있었다는 사실은 놀랍다.

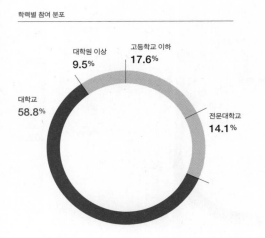

학력별 참여 분포

대학원 이상
9.5%

고등학교 이하
17.6%

대학교
58.8%

전문대학교
14.1%

집단 내 참여비율	
고등학교 이하	**19.8%**
전문대학교 (2~3년제)	**23.6%**
대학교 (4년제)	**30.0%**
대학원 이상	**25.8%**

③ 소득별로 중상층의 참여가 주류를 이뤘다는 사실은 노동개악 항의집회와 농민집회와 비교해 가장 두드러지는 특징이다. 월 소득 300~499만원 계층(33.6%), 500만 원 이상 계층(42.4%)으로 나타났는데, 교양시민 '핵심층^{대졸 전문직과 소득상층}'의 참여가 가장 적극적이었다는 사실은 주목을 요한다.

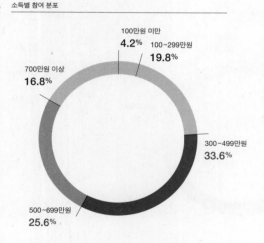

소득별 참여 분포

- 100만원 미만 **4.2%**
- 100~299만원 **19.8%**
- 700만원 이상 **16.8%**
- 300~499만원 **33.6%**
- 500~699만원 **25.6%**

집단 내 참여비율	
100만원 미만	**26.2%**
100~299만원	**23.0%**
300~499만원	**24.0%**
500~699만원	**30.6%**
700만원 이상	**30.1%**

④ 청소년의 참여가 두드러졌다. 전체 비율은 9%에 불과하지만, 연령집단 내 비율은 31%에 달했다. 청소년이 광장에 쏟아져 나온 것이다. 일차적으로는 대학입시 농단에 대한 분노였지만, 사회를 이렇게 모순 덩어리로 만들어놓은 기성세대에 대한 항의가 깔려 있다. 기성세대에 대한 분노! 이게 어떻게 진화할지 주목해야 한다.

아무튼 하층이 아니라 중상층에서 '참여적 시민성'이 폭발했다는 점은 시민정치의 앞날에 관해 두 개의 중대한 시사점을 던져준다. 그것은,

1. 직업적 제약에 의해 참여가 저조할 수 있으나, 하층의 '참여적 시민성' 수준이 상대적으로 낮다는 것은 정치적 쟁점에 대한 인지적 자원이 빈곤함을 뜻한다.

2. 박근혜 탄핵과 관련된 쟁점들의 기저에는 '도덕적 심성moral sentiment'이 놓여 있는데, 도덕적 가치의 훼손을 참는 '관용의 수준'이 중상층에서 가장 낮다는 사실이다. 달리 말하면, '중상층이 현실적 득실계산보다 도덕적 가치를 더 중시한다.' 이것이 교양시민의 필수덕목인데, 한국의 중상층은 적어도 이 요건을 갖췄다는 사실이 이번 촛불시위로 입증됐다. 시민정치의 발전에 매우 고무적인 현상이다.

누가 촛불을 들었는가? 왜 들었는가? 요약하면 이렇다. "대졸 학력, 비교적 소득이 높은 중상층이었고, 박근혜 대통령이 한국사회의 기저를 형성하는 '도덕적 가치'를 심각하게 훼손했다는 교양시민적 판단이 대규모 촛불참여의 동력이었다. 거기에 합류해 청소년들은 기성세대에 대한 분노와 항의를 표출했다."

촛불, 누가 들었는가

누가 촛불을 들었는가?

이 질문은 매우 중요하다.

누가 가장 분노했으며,

누가 가장 열렬하고

적극적으로 행동했는가를 묻는

질문이기 때문이다.

광화문광장의 촛불은

참여적 시민성이 발화한 결과다.

현실적 득실계산보다 도덕적 가치를

더 중시한다는 증거다.

사회를 모순 덩어리로 만든

기성세대에 대한

청소년·청년세대의 분노다.

이제는 시민민주주의다!

1. 조선의 광장: 상소上疏

광장은 자유다. 조선시대 이래 광화문광장은 상소가 이뤄지는 정치적 항의 장소였다. 공론정치의 발상지이자 귀착점이었다. 면암 최익현이 도끼를 소지하고 엎드려 강화도조약 철회를 요구했던 곳이고, 1875년 대원군 봉환만인소가 행해졌던 곳도 광화문이다. 소행疏行의 모습은 장대했다. 예를 들어, 대원군 봉환만인소 행렬은 이러했다.[24]

> "오후에 소유疏儒들은 마침내 소수와 함께 돈화문을 향하여
> 출발했다. 이때 소수는 푸른 옷에 푸른 띠로 뚜껑 있는
> 가마를 탔으며 여러 유생들과 각향 각지의 고관들 수백 명이
> 뒤를 따랐다. 박석현을 넘어 홍화문을 지날 때에는
> 좌우연변에서 이를 구경하기 위한 인파가 운집하였는데
> 영남 선비들의 기개를 감탄해 마지않았다."

홍화문을 지난 소행 행렬은 성균관, 궐문, 혹은 태학에서 상소본부에 해당하는 소청疏廳을 차린다.[25] 소청에는 전국 각지에서 발송한 지지성명이 쇄도하게 되는데, 이들 유림들도 역시 명첩에

---

24 정진영, 「19세기 후반 영남 유림의 정치적 동향」, 『지역과 역사』 4호,
    부경역사연구소, 1997, 210쪽에서 인용.

25 이하 두 문단은 필자, 『시민의 탄생』(민음사, 2013)에서 발췌.

명단이 기재된다. 일종의 연대책임인 것이다. 소두疏頭는 소청이 차려진 성균관에 부복해서 상소문을 제출한다는 공식 보고를 올리고 일종의 접수증인 근실謹悉을 받게 된다. 근실이 없으면 상소는 예법을 벗어난 것으로 되어 승정원이 접수를 거부할 수도 있기 때문이다. 1875년 대원군 봉환만인소에서 소초疏草와 근실이 없어 승정원이 접수를 거부하는 사태가 일어나기도 했다. 고종의 해산하교에도 불구하고 6월 18일 4도 소수들이 광화문 밖에 복합하자 고종은 참수형과 유배형이라는 강경대응책을 폈다. 대원군 봉환만인소는 유림의 실패, 역으로 고종과 조정대신들의 승리로 마감되었다.

이에 비하면, 1881년 영남만인소는 비교적 성공을 거뒀다. 1881년 겨울 영남만인소 행렬이 도착해 역시 광화문에 소청疏廳을 차렸다. 요즘 말로 시민행동본부인데, 전국 각지 유생 대표들로부터 격려문과 지지성명서가 답지했다. 척왜양론이 비등하던 그때 고종도 공론을 외면할 수 없었다. 고종은 비답을 내렸다.

"벽사위정闢邪衛正에 어찌 너희들의 말을 기다릴 필요가 있는가? 딴 나라 사람의 사의문자私擬文字, 『조선책략』을 지칭함는 심구할 만한 것이 못 되는데, 너희들이 오간誤看하여 쾌적快摘한 것뿐이다. 만약 이에 빙자하여 또 번거롭게 상소하면 이는 조정을 비방하는 것이니 엄히 처단할 것인바 모두 물러가라."

　　고종의 비답엔 벽사위정이 조정의 흔들리지 않는 불변의
입장임을 재삼 강조하여 유림들을 달래는 한편, 수교통상을 조심
스럽게 모색하는 조정의 정책에 시비를 걸지 말라는 경고가 동시
에 들어 있다. 일종의 강온양면술이었다. 비답의 주체는 늘 군주
자신이었다. 그의 생각과 결단을 말하는 것이다.

　　그런데 박근혜 대통령의 비답3차 담화은 자신을 객체로,
국회를 주체로 뒤바꿨다. 난장판 국회에 책임을 떠넘긴 것인데,
조선 도덕정치의 전통에 비추면 비겁하기 짝이 없는 묘수였다.
군주는 책임을 넘기지 않는다. 전가하지도 않는다. 3차 담화는 책임
전가의 얕은 전략이었다. 자신에게는 묘수였겠으나 교양시민에
게는 도덕적 분노를 일으킨 '비수匕首'였다. 150년 전, 고종보다 못한
지혜였다. 광장에서 민주시대의 군주적 통치자와 시민이 정면충돌
할 수밖에 없었다.

2. 한국의 광장: 시민민주주의

광장에 서면 해방감을 느낀다. 구속과 속박에서 벗어난 느낌, 차도
를 밟고 익명의 시민들과 함께하는 행동은 무질서해도 골목길이

나 산책길에서 느끼는 자유와는 그 질과 양이 다르다. 주권을 행사한다는 주체의식, 정치권력에 영향을 미칠 수 있다는 참여의식, 정치적 운명에 공동책임을 진다는 책임의식이 동시에 분출되는 것이다. 이것이 시민민주주의civic democracy의 출발점이다. 시민민주주의는 대의민주주의representative democracy의 결점과 한계를 직접적 행동과 적극적 개입을 통하여 메우고자 하는 민주주의의 발전된 유형이다. 국회와 유권자가 서로 분리되지 않고, 청와대와 시민이 정치 행위의 원형경기장에 다 함께 참여하는 그런 유형이다. 광장의 항의는 권력을 '위임받은 자'와 '위임한 자'의 거리가 현격히 멀어졌음을 인지시키는 행위이고, 그 거리를 해소해야 한다는 경고다. 직접민주주의로부터 한없이 떨어져온 대의민주주의에 원형적 원리archetype principle를 주지시키는 자발적 행위인 것이다. 시민정치는 따라서 민주주의에 생명력을 부여하고, 현행 민주정치가 본래의 민주적 목표를 향해가도록 시민적 긴장을 불어넣는 소중한 계기다.

십여 차례에 걸친 광화문집회는 시민민주주의의 한국적 가능성을 보여줬다. 수면 아래 잠재되어 있던 '참여적 시민성'이 폭발해 정치권의 행동과 의사결정에 압박을 가했고 결국 정치권이 시민적 요구를 수용하도록 만들었다. 주종관계의 정상화가 이뤄진 것이다. 광화문집회는 시민민주주의가 앞으로 지향할 시대정신임을 알려주었다. 그런데 그건 '폭발'이지 '행로'를 알려주지는 않았다. 우리가 스스로 찾아야 한다는 말이다. 가능성을 확인해준 것이지, 시민민주주의가 '성숙되었음'을 확신해준 것은 아니었다.

시민민주주의란 무엇인가? 시민민주주의는 민주주의의 어떤 유형을 지칭하는 개념이 아니라 '시민적 가치'에 입각하고 시민적 동의와 참여를 존중하는 그런 정치체제라고 생각하면 된다. 시민의 자발적 참여와 책임에서 발원하는 토크빌적 가치 Tocquevillian value에 충실한 민주주의다. 자발적 결사체의 집합, 그리고 그 결사체들로부터 발생하는 권리와 책임에 대한 시민적 자각이 사회의 중요 자산이 되는 그런 민주주의 말이다. 요즘 식으로 말하면 사회적 자본이 풍부한 민주사회를 의미한다.[26]

시민민주주의의 핵심요건은 세 가지다. 시민참여, 시민권, 시민윤리. 우선 시민참여는 시민단체에서의 활동을 말한다. 양식을 갖춘 시민이 되려면 시민단체에 참여하는 회원권 membership을 갖고 있어야 한다. 적어도 1개 이상이 필수적이다. 유럽에서는 시민 한 사람당 평균 2~3개의 회원권을 보유한다. 계층, 학력, 연령, 남녀 제한 없이 비슷한 사회적 관심을 가진 사람들이 자발적으로 모여 토론하고 활동하는 회원권을 말한다. '계급장 떼고' 논의하는 자리, 상대방이 어떤 직업을 갖고 있는지, 어디에서 살고 있는지를 묻지 않고 진행되는 토론 과정에서 시민의식이 싹튼다. 사익과 공익의 구분이 분명해지고 회원들이 그것을 내면화할 기회가 여기에서 주어진다. 정당 개혁은 그래서 중요하다. 시민의식을 배양한 사람

---

26 이하 문단은 필자의 저서 『나는 시민인가?』(문학동네, 2015)에서 부분 발췌했다.

들의 집합적 견해가 정치권에 주입되고[input], 정치권은 그것을 논의해 결과를[output] 내놓는 환류과정이 원활해야 시민권[citizenship]이 살아난다.

둘째, '시민권'은 시민의 기본자격으로서 권리와 책임이라는 두 개의 가치로 구성된다. 한 사회에 태어나면 인간답게 살 권리를 향유한다. 자연권이다. 자연권을 행사하려면 책임의식의 견제를 받아야 한다. 어떤 책임? 권리에 대한 대가, 노동할 책임, 사회질서에 기여할 책임, 타인의 권리를 침해하지 않을 책임이다. 예를 들면, 우리의 복지담론에서 빠진 것이 책임의식인데, 중산층을 포함하여 대부분의 성인들이 복지를 권리로 의식하고 있을 뿐 그것을 유지하기 위한 책임을 묻지 않는다. 복지 후진국이기에 더욱 그런 편향적 의식을 부추기고 있다. '무상복지' 개념은 권리를 과대하게 부풀리고 혜택에 따르는 의무를 방기하고 있다는 점에서 위험하다.

셋째, 시민윤리[civic virtue]가 바로 공익에의 긴장, 타인에의 배려, 공동체적 헌신에 해당하는 가치인데, 자발적 결사체 참여에서 생산되는 사회적 자본이다. 시민윤리가 전제되지 않고는 있는 사람들의 '양보', 없는 사람들의 '헌신'이 짝을 이룰 수 없다. 국민대통합이 여러 형태의 사회적 균열 – 예를 들면 빈자와 부자, 약자와 강자, 자본과 노동, 정규직과 비정규직 간의 단단한 균열구조 – 을 가로질러 사회적 자산과 경제적 재화를 재분배하는 것으로 이뤄진다면,

여기에는 시민윤리가 윤활유로 작용한다. 시민윤리가 없는 재분배는 국가의 강제력에 호소하는 경우에만 가능한데, 국가의 강제력이 하락할 때에는 중단된다. '양보와 헌신'이 국민대통합의 기본요건이라면, 개인과 집단은 대통합이라는 사위명제를 위해 '손실의 내면화'를 수용할 자세가 되어 있어야 한다. 그렇기에 시민민주주의라는 시대정신을 향한 사회 개혁은 어렵다. 하지만 그것 없이 진정한 선진국으로 진입할 수 없다는 것이 사회과학의 냉정한 진단이다.

이런 요건에 입각한 민주주의가 시민민주주의다. 즉 시민의 자율적 참여에 의해 권력이 발생하고 그 합의된 권력으로 공동체를 운영하는 자치형태가 토크빌적 민주주의이고, 그것의 현대적 발현체가 시민민주주의다. 주민자치는 시민민주주의를 배양하는 모판이다. 마을공동체에 어떤 문제가 발생하면 주정부나 연방정부에 해결을 호소하기보다 우선 모여서 해결책을 논의하는 미국인의 행동양식과 규범을 토크빌은 '습속folklore'으로 개념화했다. 자발적 참여에 의한 결사체적 행동associational activity은 개별성원으로 하여금 사익보다 공익에 먼저 눈뜨게 만드는 사회적 동인이었다. 이 결사체적 행동에서 도덕적 담론moral discourse이 발생하는 것을 토크빌은 경이로운 눈으로 바라보았다. "도덕적 담론이야말로 미국인의 최초의 언어다."

이제는 시민민주주의다!

시민민주주의의 핵심은 이 도덕성을 생산하는 요소가 사회 내부에 정착되어 있는지에 달려 있다. 영국과 미국에서는 시민citizen, 독일은 성민bürger, 프랑스는 공민citoyen으로 달리 불렸어도 시민-됨civility의 요체는 사익을 자제하고 공익을 우선시하는 도덕적 규범을 말한다. 이것이 없으면 민주주의는 취약하거나 붕괴된다. 시민민주주의는 시민성에 기초한 행동양식과 규범, 믿음과 가치관이라는 미시적 기초가 성숙해야 작동한다. 광화문집회에서 발현된 '시민성'에 그런 미시적 기초가 얼마나 자랐는지를 점검해야 한다. 촛불이 남긴 과제다.

시민민주주의란 무엇인가?

시민민주주의는 '시민적 가치'에 입각하고
시민적 동의와 참여를 존중하는 정치체제이다.
자발적 결사체의 집합, 그 결사체들로부터
발생하는 권리와 책임에 대한 시민적 자각이
사회의 중요한 자산이 되는 민주주의다.
시민참여, 시민권, 시민윤리,
이러한 사회적 자본이 풍부한 민주사회가
바로 시민민주주의다.

촛불 이후, 무엇을 해야 하나?

시민민주주의는 장기적 과제인 반면, 정권 공백기를 어떻게 운영할 것인가는 당장 발등에 떨어진 단기 과제다. 이행기가 언제 끝날 것인지는 분명치 않다. 탄핵 결정이 2017년 3월 중순에 이뤄진다면 5월 말에는 새 정부가 들어선다. 적어도 6월 말까지는 새 정부가 탄생할 것이다.[27] 촛불을 언제까지 계속할 수는 없다. 추위도 그렇지만, 경제와 민생, 이행기 거버넌스가 절박하다. 한국은 2017년 6월까지 모든 외교가 중단되고 국가 운명을 결정할 중대 결정이 유보된다. '권력의 진공상태'가 따로 없다. 위기가 아닐 수도 있다. 군주권력이 걷히고 시민자치가 활기를 얻는 소중한 기회로 보는 사람도 있다. 맞는 말이다. '국가의 시대'가 물러난 것은 좋은데, 정책 미결정 상태를 지속할 수는 없다. 촛불은 문제 제기에 해당하지만, 문제 해결은 정치권의 몫이다. 정치권이 작동해야 한국이 굴러간다. 그런 관점에서 '이행기에 무엇을 해야 할 것인가'를 점검해야 한다. 가장 중요한 5가지를 제시하겠다.

---

27 탄핵 결과에 따라 달라진다.
    탄핵 심사가 부결되면 정국은 회오리에 빠진다.

1. 당정黨政협의체 거버넌스

대통령 직무대행을 맡은 황교안 총리의 행보가 눈에 띄게 달라지자 야당이 견제하고 나섰다. 황총리가 대통령인 줄 착각한다, 탄핵 공동책임을 진 총리가 오버한다는 비난이었다. 황총리는 일선 부대를 시찰하고 생업현장을 방문했으며, 부처 공무원들을 독려했다. 임기가 만료된 공공기관장 임명도 서둘렀다. 박근혜 대통령과는 다른 행보였다. 직무대행이라는 막중한 임무를 의식한 결과였지만, 야당으로선 우연히 대권을 넘겨받은 그가 못마땅했다. 혹시 대선 가도에 걸림돌이 되지 않을까 하는 견제심리가 작용했을 것이다. 황총리를 대권주자로 옹립하자는 목소리가 솔솔 나오기도 했는데, 대정부질의에서 황총리는 대선 출마를 일축했다. 아무튼 시비 걸 일은 아니다. 더 중요한 일은 여당과 야 3당이 황총리 내각과 긴밀한 당정협의체를 꾸리고 모든 사안을 서로 논의해 실행에 옮기는 것이다. 이른바 '당정협의체 거버넌스'다. 그렇지 않아도 무능내각으로 비판받아온 황총리 내각에 이행기를 맡길 수는 없다. 여당이 무너진 바에야, 중요 정책 결정과 정무적 쟁점을 당정협의체로 이관해야 한다. 그래야 잡음이 없고 붕괴한 거버넌스를 살려낼 수 있다.

당정협의체는 당대표와 황총리로 구성된 최고위원회를 정점으로 그 휘하에 4개의 실행그룹을 두는 구조다. ① 경제민생위원회, ② 국방외교위원회, ③ 교육·복지·시민사회위원회, ④ 정치

현안위원회가 그것이다^{이보다 많아도 좋다}. 각 실행위원회에는 해당 업무의 장차관이 참여하고, 정당에서는 국회의원들이 전공분야에 맞춰 정책위원으로 참여하면 된다. 약 5~6명으로 구성하고, 그 밑에 10여 명의 전문위원회를 둔다. 각 위원회가 반드시 다뤄야 할 절박한 과제를 선정하여 실행 로드맵을 작성하고 그 결과를 수시로 점검한다. 진정한 협치의 씨앗을 뿌리는 것이다. 잘 운영된다면 대통령의 제왕적 권력개입이 없어도 무방하다. 권력의 진공상태를 협치로 건너는 셈이다.

이렇게 하면 대선주자들이 불쑥불쑥 던지는 공약성 발언의 혼란을 어느 정도 걸러낼 수 있다. 겨울과 봄 사이에 수많은 제안과 제언들이 쏟아질 것이다. 야당 유력주자인 문재인 전 대표가 촛불 민심을 표방해 12대 과제를 냈다. 명칭도 '국가대청소 과제', '시민혁명 입법·정책과제'였다. 촛불을 '시민혁명'으로까지 승격할 수 있는지는 차치하고라도 엄청난 실행력을 요하는 굵직굵직한 과제를 "2017년 4월까지 반드시 관철시키겠다"고 해서 논란을 일으켰다. 권력의 진공상태에서 어떻게 '혁명과제'를 실천할 수 있는가? 거기에는 사드 배치 중단, 농어민 1조 원 기금 마련 같은 구체적 사안과 경제민주화 같은 장기 구상이 들어 있었다. 중대한 쟁점이지만, 민감성이 높은 쟁점은 취약한 거버넌스의 균열구조를 악화시키고야 만다. 농어민 1조 원 기금을 기업기부금으로 하는 것에 문제는 없는가? 그게 K스포츠재단, 미르재단의 갹출형식과는 어떻게 다른가? 논란이 일자 민주당은 하루 만에 농어민기금안을 철회했다. 경제민주화는 포괄적인 구상이다. 그것을 위한 정책 메뉴도 치열한 공방전을 예고한다. 거의 혼수상태를 헤매는 여당을 상대로 이런 거창한 사안을 협의할 수 있을까? 패러다임을 바꾸는 그 정도의 정책은 대선 공약이거나, 차기 정권에서 실행할 사안이다. 오히려 당정협의체는 이행기 거버넌스가 더는 약화되지 않도록 관리하는 데 초점을 둬야 한다. 정권의 관리력을 넘는 정책은 유보하는 것이 맞다. 이행기의 가장 중요한 관심은 '정치 불안정의 최소화'다.

2. 정당 재편 Party Realignment

지역에 기반을 둔 한국의 정당 구조는 대체로 대선정국에서 전면 재편과정을 겪는다. 유력 후보를 중심으로 정권 창출을 위한 정당 간 짝짓기와 이합집산이 진행된다. 대선에서 실패한 정당은 다시 분열을 일으켜 각자의 위치로 돌아가거나 세 규합을 통해 신당 창당을 선언하기도 한다. 2007년 대선을 앞두고 열린우리당이 민주당에서 뛰쳐나왔다가 실패하자 다시 민주당으로 돌아갔다. 그 후유증이 길게 남아 홍역을 앓다가 2016년 총선에서 국민의당 분당 사태를 맞았다. 한나라당은 2004년 탄핵정국에서 거의 해체 위기를 겪었는데 2008년 박근혜 의원을 앞세워 친박연대로 회생하는 데 성공했다. 2012년 대선을 앞두고 한나라당은 새누리당으로 당명을 바꿔 달았다. 대선주자가 지휘하는 정당이 된 것이다. 지지기반의 요구를 대변하는 기능보다 정권 창출에 더 민감한 것이 한국의 정당이다. 유권자와 정당 간 거리가 멀어지는 현상을 '정당 이탈 party dealignment'이라 한다면, 한국의 정당은 정렬alignment → 이탈 dealignment → 재편realignment 과정을 끊임없이 반복하고 있다.

2016년 4월 총선에서 3당 구조가 만들어졌다. 1988년 이후 처음이다. 새누리당의 독선과 독주를 막으려는 야당 지지표가 두 군데로 분산된 결과다. 3개 정당은 대체로 동서분절, 즉 지역 기반에 근거한 구조이지만, 호남 지지가 특히 수도권 지역에서 두 개로 분절되어 나타났다. 역시 2017년 12월 예정된 대선정국을 앞두고 벌어진 현상이었다. 탄핵이 없었다면 3개 정당 간, 혹은 대선을 위해 급조된 정당이 가세해 4개 정도의 정당이 치열한 각축전을 벌이다가 대선이 임박한 시점에서 2~3개 수렴되는 것이 상례다. 그간 몇 차례 반복된 일종의 경쟁법칙이다. 그러나 예정된 코스는 헝클어졌다. 2017년 5~6월로 앞당겨진 대선에 대비해 정당 간 이합집산이 동시에 앞당겨졌다.

한국의 정당 구조는 제3의 군소정당이 존재하는 거대 양당 체제다. 그런데 38석을 거느린 국민의당은 군소정당이 아니라 캐스팅보트를 행사할 정도로 세력이 큰 정당이다. 2017년 대선에서

촛불 이후, 무엇을 해야 하나?

정권 창출에 중대한 역할을 담당할 것이다. 그런데 현행 3당 구조가 형성할 대선구도와 이행기 당정협의체 구성이 겹쳤다는 사실이 문제를 복잡하게 만든다. 특히 정당 편성이 유동적이다. 여기에 새누리당의 분열, 신당 창당과 재창당이 겹쳐 당정협의체 구성이 난망해졌다. 2016년 12월 21일 떨어져 나온 비박은 신당 창당을 선언했다. 4당 구도가 됐다. 국민의당과의 연대도 모색했다. 2017년 1~2월, 정당 재편으로 '정치 실종 시간'을 맞고 오로지 황총리 내각에 거버넌스를 맡겨야 하는 운명이다. 쪼개진 두 개의 여당과 정국관리협의체를 운영할 수 없다. 또한, 제3지대론을 앞세워 신당 창당이 공식화되면 이들을 당정협의체에 초청해야 할지의 문제가 돌출된다. 이래저래 딜레마다.

　　당정협의체 구성이 시급한데 정당 재편이 매우 유동적인 상황을 해결하려면 다음의 최소한의 기준을 설정하는 것이 바람직해 보인다. 해체된 당이든 신당이든 국회 원내교섭단체를 구성할 최소한의 자격요건인 '국회의원 20석'을 확보한 정당을 참여시킨다는 원칙이 그것이다. 이 원칙을 세워 자격요건을 구비한 민주당, 국민의당, 새누리당^{잔류파}을 주축으로 당정협의체를 우선 발족하고, 새누리당 탈당파^{개혁보수신당}와 제3지대 세력이 결성할 신당 가운데 이 요건을 만족하는 정당을 후에 참여시키는 방안이다.[28]

28　친박 무리들과는 어떤 협의도 할 수 없다고 선언한 민주당과 국민의당의 입장을 존중하지만 당정협의체 구성이 절박하다면 약간은 양보하는 것도 좋다. 어차피 새누리당 탈당파가 결국 협의체에 참여할 것이기 때문이다. 이런 의미에서 보수 대참사를 일으킨 새누리당은 해체되어 신당으로 태어나는 것이 마땅하다. 새누리당 존속 여부보다 당정협의체 구성이 국민 생활과 국가 위기 극복에 더 중요하다. 참여인원의 구성비는 각 당의 국회의원 규모로 결정하면 된다. 정치현안위원회에서 결정할 사안이다.

이런 원칙을 염두에 두고 당정협의체의 상설기구인 '정치현안위원회'에서 신생정당의 참여 여부를 논의하고 수행하면 된다. 어차피 당정협의체는 이행기 거버넌스 관리기구이기에 새 정부가 탄생하면 해체된다. 국민생활 안정과 경제, 민생안정을 위한 한시적 기구이자, 정권 교체기 정치 불안정을 관리할 임시기구다.

3. 대선과 50대 기수론

'군주의 시대'와 '무능한 리더십'을 땅에 묻고 '시민의 시대'를 이끌 '유능한 지도자'를 선출해야 할 국민적 과제가 놓여 있다. 그것도 6개월이라는 단기간에 완료할 버거운 숙제다. 누가 있는가? 누구를 뽑아야 하는가?

필자는 현재 거론되는 대선 주자들 가운데 두어 명을 제외하고 이런저런 자리에서 모두 만나본 경험이 있다. 더러는 속 깊은 얘기를 나눴고, 한국정치의 진로를 진지하게 논하기도 했다. 개인적 친교가 약간 작용하겠지만, 그래도 미래 리더십을 판별하는 데 최대한 객관적 거리를 유지해서 소견을 피력하고자 한다. 차기 대권에 적합한 '리더십 요건'은 무엇인가? 이를 준거로 대선주자들에 대해 간략한 평가를 하고자 한다.[29]

---

29 필자의 주관적, 편파적 평가를 배제할 수 없다.

촛불 이후, 무엇을 해야 하나?

첫째, 시대감각과 참신성. 대권 등극은 정치인 최대의 목표다. 그런데 대권을 주관적 욕망에 가두지 않고 역사적 소명에 응답하기 위해서는 시대감각을 갖춰야 한다. '정치는 권력이라는 악마적 수단으로 대의大義를 실행하는 것'이라는 막스 베버의 정의가 떠오른다. 시대감각은 시대사명에 대한 개인의 성찰과 자각이다. 정국이 혼란에 빠졌을 때 리더가 취해야 할 행보를 지시하는 내면의 이정표이다. 시대정신과도 통하는 이 개념이 대통령을 주관적·자의적 판단으로부터 거리를 두게 하는 힘이다. 이전 대통령들도 나름의 시대감각을 내세워 유권자에게 호소했고 대선에서 승리했지만 시대정신을 한 걸음 더 승화시키기에는 미진했다. 한국을 과거로 밀어넣은 박근혜 정권의 상처를 치유하고 미래로 나아갈 발판을 구축할 인물은 누구인가?

필자는 주저 없이 50대 대선 주자들을 꼽고 싶다. 이른바 '50대 기수론'이다. 안희정과 남경필을 선두그룹으로, 박원순, 김부겸, 원희룡을 다음 그룹으로 묶어본다. 한창 인기가도를 달리는 이재명을 포함시켜도 좋겠다. 그런데 성남시장으로 행한 정책 메뉴는 참신성이 돋보이지만, 포퓰리즘 성향에 인물 검증이 안 되었다. 의정 활동 경험이 없다는 점도 걸린다. 지금까지 검증되지 않은 인물은 일단 배제한다. 의정 경력 14년 동안 검증된 박근혜도 은폐된 개인적 사안이 돌출하지 않았는가.

가장 단단한 조직력을 갖춘 문재인은 지난 4년 동안 '선한 사람'에서 '독한 정치인'으로 변모했다. 다만 이미지 변모 과정에서 문재인 배경에 놓인 지지 세력의 구성과 성격도 변했는지는 의문이다. 그가 여전히 '친노그룹 좌장'에서 벗어나지 못했다면 청년세대와 3040세대 세계관을 어느 정도 이해하고 수용했는지를 점검해야 한다. 이인영, 우상호 등 50대 정치인을 앞세워 변신을 꾀할 만하다. 친노그룹의 이념이 유연해졌음을 알리는 것이다. 지향하는 정치이념이 변화했음을 보여줘야 대선의 높은 장벽을 넘는다.

안철수? 판단유보다. 지난 총선에서 독자적인 정치세력을 구축했고, 촛불시위에서 가장 단호하고 일관된 태도를 견지했다는 점에서 한 단계 올라선 것은 틀림없다. 하지만 그의 말은 조금 성기고, 표방한 정책노선은 중원을 장악하기에 조금 역부족이다.

노련한 경륜의 반기문과 손학규는 시대감각에서 50대 주자를 넘지 못한다. 10년 공백은 크다. 반기문 총장이 아무리 학습능력이 뛰어나더라도 10년 공백을 메우고 변화한 젊은 세대의 가치관을 소화했는지는 의문이다. 언어의 설득력과 호소력을 겸비하기에는 시간이 부족하다. 손학규는 관리형으로서는 매우 적합하다. 하지만 미래를 뚫을 어떤 비장의 무기를 장착했는지는 미지수다. 강진에서 돌아왔을 때 강한 의지를 뿜어내는 일성(一聲)을 고대했는데, '판을 새로 짜야 한다'는 평범한 메시지였다. '어떻게'가 빠졌고, 촛불집회 국면을 지나온 지금도 그렇다. '제3지대'는 어디인가? 국민의당 근처에 자주 출현하는 것으로 미루어 안철수와 연대를 도모하는 듯한데 '강한 이미지'가 부족하다. 유권자에게 강한 인상을 각인할 업적이 뚜렷하지 않아서이다. 그러나 화합형·조율형 지도자로서는 손색이 없다.

'50대 기수론'에 비박 유승민 의원을 검토할 수 있겠다. 박근혜 대통령에게 항명깃발을 들다가 쫓겨나 천신만고 끝에 회생한 이력이 그를 대통령 후보로 격상시켰다. 현실을 보는 시각도 중도파에 가깝고 이념에 매이지 않는 융통성도 갖췄다. 자질은 충분하지만 시대정신의 좌표가 불분명하고_{그걸 말할 기회가 없었으니까}, 정치적 현안의 무거운 짐을 온몸으로 감당할 내공을 갖췄는지도 검증을 요한다. 아무튼 '50대 기수론'의 시대적 요청에 부응할 후보군이다.

정운찬 전 국무총리는 어떤가? 우선 부드럽다. 각을 세우지 않고 포용력이 있다. 잘 듣는다. 서울대 총장을 지내면서 시대감각과 시대적 과제를 잘 파악했다는 평을 받았다. 그러나 관리형 국무총리를 지낸 이력, 동반성장을 둘러싼 논쟁과 반론, 지그재그식 정치 행보와 '참신성'은 열세다. 만약 50대 기수들과 연합해 약점을 메우는 형태의 세력을 형성한다면 강력한 후보다. 더욱이 그는 충청도 출신이다. 안철수, 손학규, 정운찬이 연합함대를 형성한다면 상당히 유력한 동맹세력으로 평가받을 것이다.

둘째, 정책 구상 능력과 실행력. 이 기준의 선두주자는 남경필, 박원순이고, 안희정, 손학규, 정운찬이 뒤를 잇는다. 반기문이 외교와 안보수장을 맡고 국내정치를 이들 중 한 명에게 맡기는 분권형 정치동맹을 구상할 수 있다. 강력한 러닝메이트 후보다. 경기도정과 서울시정을 두루 살펴보건대, 남경필과 박원순은 정책 구상과 실행력에서 발군이다. 여러 가지 주목할 만한 정책 변화를 주도했다. 남경필은 시대감각과 현장 경험을 위아래로 연결하는 지적 유연성을 갖췄다는 평가다. 하지만 그것을 국민들이 알고 있느냐는 별개의 문제다. 금수저·흙수저에 민감한 청년세대가 '꽃길'을 걸어온 그를 어떻게 바라볼지도 물음표다. 박원순은 현장 살림살이에 능하다. 대신 시대 흐름과 맞닿는 거시적 담론은 아직 약하다.

안희정은 양자의 중간 정도라고 판단된다. 그의 최대 무기는 말 펀치다. 안희정의 말 펀치를 따라갈 사람은 없다. 김부겸 정도가 대적할 수 있을 것이다. 김부겸은 대학시절부터 청중을 사로잡는 말솜씨로 유명했다. 김부겸의 언어는 매력적이고 화술은 물 흐르듯 하다. 하지만 현장 경험이 그것을 메워줄 지는 의문이다. 김부겸은 지역정서 타파라는 정치적 자원을 들고 4년의 공백을 거쳐 다시 국회로 돌아왔다. 노무현의 한쪽 유산을 베어 물었다.

안희정은 두 가지 자원을 모두 확보했다. 노무현 유산과 행정 경험. 이에 필적하는 남경필과 박원순도 대중연설에서는 안희정을 따라가지 못한다. 안희정은 대중연설에 가장 능하고 청중을 사로잡는 힘이 있다. 이런 점에서 그는 명실공히 '리틀 노무현'이다. 그러나 현장 경험을 어느 정도 내면화했는지, 그의 정치이념이 어떻게 진화했는지 검증을 요한다. 요즘 TV 토론에서 보면 안희정은 대중에게 너무 다가간다는 느낌이다. 그의 내면에 자리 잡은 정치 논리와 신조가 무엇인가를 묻게 하는 대목이다. 커밍 아웃이 필요하다. 말과 실행 사이의 유격이 걸린다.

정운찬은 정책 구상 면에서 돋보이지만 정치 자원과 추진력이 의문이고, 손학규는 그 역이다. 그의 경기지사 경력에 비춰 추진력은 갖췄지만 미래 응답형 정책 구상을 어느 정도 할지가 미지수다. 미래 혜안이 돋보이는 보좌진을 갖추면 약점이 보완될 것이다.

문재인은 청와대 경력이 있으나 정작 '문재인표' 정책이 기억나지 않는다. 막후 조정자이거나 갈등 봉합형 역할을 맡았을 것으로 판단된다. 안 되는 것을 안 된다고 말하고, 되는 것을 밀어붙이는 추진력도 베일에 싸였다. 돌파력이 있을까? 모른다. '시민혁명 12과제'에서 보듯, 정책 구상은 주로 캠프인사들이 할 것인데, 누가 주도권을 행사하는지, 어떤 이념성향인지를 가름하기 어렵다. 다만, 급진적 메시지를 거침없이 발령하는 것으로 미뤄 친노그룹의 유산이 지배적이라는 걸 추측할 수 있다. 사민주의 국가에서도 중도좌파가 내놓는 급진 성향의 정책은 늘 온건중도파에 의해 다듬어지는 게 일반적이다.

안철수 역시 판단유보. 유승민은 판단 자원이 빈약하다. 혹시 안철수와 정치 9단 박지원이 합체해 새로운 인물이 탄생한다면 할 말이 많아진다. 대권가도가 넓어질 것이다.

셋째, 세력 관리와 소통 능력. 두 가지는 서로 상반된 요건일 수도, 서로 보완하는 자질일 수도 있다. 불통의 카리스마가 세력을 잘 관리할 수 있고^{박근혜처럼}, 아니면 과잉소통이 세력을 분열시킬 수도 있다^{노무현처럼}. 그런데 박근혜는 알아듣기 힘든 '박근혜 화법'으로 화를 입었고, 노무현은 청산유수 화법으로 설화舌禍를 당했다. 아무튼 지지 세력을 잘 관리해야 거버넌스가 유지되고, 소통을 잘해야 적을 설득시킨다. 세력 관리에는 나름대로 독자적인 카리스마, 아니면 남다른 관리와 용병술이 필요하다.

　　필자의 판단으로, 세력 관리에 능한 지도자는 아직 눈에 띄지 않는다. 지지기반이 아직 단단하지 않기 때문이다. 박원순 시장의 리더십이 서울시 공무원집단에서 어느 정도 호응을 받는지도 미지수이고, 남경필, 안희정, 원희룡의 도정도 마찬가지다. 이런 형편은 안철수, 손학규, 정운찬에게도 적용되는데, 반기문은 국내정치 신인이므로 판단불가다. 혹시, 몇 년 전 등장했다가 사라진 유한킴벌리 사장 문국현처럼 'CEO 리더십'을 입증한 홍석현을 여기에 넣으면 어떨까? 흥미로운 실험이 될지 모른다. 한국 정서상 미국의 트럼프처럼 공사구분이 모호한 거친 행보는 하지 않을 것이고, 민간기업 경험을 살려 방만한 공기업과 관료 쇄신에 일정한 성과를 거둘지 모른다. 필자가 본 바로는, 그의 시대감각은 탁월하고 시대정신은 뚜렷하다. 박근혜의 관저정치를 청산하려면 현장 경험의 여부가 중요한 시점이다.[30]

무엇보다 이번 대선은 문재인을 제외하고 정당 지지기반이 없는 인물들이 후보로 나선다는 점이 특징이다. 새로운 인물을 선출할 수 있는 절호의 기회이거나, 정당에 빚지지 않은 자력정권을 수립할 호기다. 문재인은 민주당의 빚을 지고 출발한다. 그것이 정국 안정을 가져올 수도 있고, 유권자의 기대로부터 이탈하는 경로를 걸을 수도 있다. 정당 이탈이 다시 거론될지 모른다.

소통 능력은 대체로 비슷하다. 정운찬, 손학규, 문재인, 남경필, 안희정, 박원순이 선두그룹을 형성할 듯하다. 김부겸, 원희룡도 선두그룹에 넣어도 좋다. 안철수는 뒤처지고, 유승민은 판단 유보다. 안철수는 대중연설과 언술 능력을 키워야 한다. 그런데 소통 능력이 탁월하다는 것과 결단력과 책임성은 별개의 문제다. 탁월한 소통 능력은 자칫 '귀가 얇다' '줏대 없다'는 평가와 일맥상통한다. 잘 듣되 자주 흔들리지 말아야 한다. 이번 촛불정국에서 안철수는 결단력을 보여주었다. 정보와 의견을 종합해 최종 판단을 내리는 일은 통치자의 몫이다. 최종 책임을 지는 사람이다. 결단력과 책임성을 겸비한 인물은 누구인가? 필자의 능력을 벗어나는 일로서 대선후보 검증 과정에서 판단해야 한다.

---

30 반론이 있을 수 있다. 이명박은 현장 경험이 누구보다 풍요로운 지도자였지만 업적은 그리 풍요롭지 않았다. 그러나 현장을 알아야 한다. 행정이든, 기업이든, 현장에서 뛰어본 경험이 중요하다.

넷째, 이념적 위치다. 2012년 대선은 이념투쟁이었다. 좌파 대 우파, 진보 대 보수의 격돌이었다. 2017년 대선은? 필자는 거침없이 '중원장악'이라고 생각한다. 이념적 호소력이 어느 정도 작용하겠으나 이념탈색이 더 두드러질 것이다. 유권자들이 이념 격돌에 지쳤고, 이념을 내세워봐야 정책 효과를 체감할 수 없다는 것을 알아차렸다. 2016년 12월 3일 국가정책포럼에서 실시한 설문조사 분석에 따르면, 촛불정국에서 정당의 지지시장support market이 급격하게 요동쳤다. 지지정당을 대거 버렸다. 새누리당은 68%가 이탈했고, 민주당은 28.8%가, 국민의당은 52.1%가 이탈했다.[31] 부동층이다. 전체적으로 부동층은 38%였는데 촛불정국을 거치면서 53.4%로 늘었다. 어디로 갔을까? 이들 가운데 소수는 지지정당을 바꿨지만, 대부분 중원으로 옮겨 새로운 정당이 탄생하기를 기다린다. 열쇠는 '중원'에 있다.

　　지지율이 가장 높은 문재인은 중원 좌측에 위치하고, 나머지는 중도 좌측에서 극우까지 분포해 있다. 중원이 더 촘촘하다. 누가 중원을 장악할 것인가? 누가 중원에 밀집한 유권자들에게 호소할지가 2017년 대선의 관건이다. 50대 기수들은 대체로 여기에 있고, 정운찬, 손학규, 안철수도 마찬가지다. 유승민은 중도 우측에 있는 듯하다. 반기문도 중도 우측이 아닐까 한다. 그러므로 유승민, 반기문 조組가 가능하고, 혹시 안철수가 정운찬, 손학규, 반기문 영입에 성공한다면 세력 확장성이 커진다. 국민의당과

31　이에 대한 분석은 장덕진, 「19대 대선이 18대 대선과 다른 이유」,
　　《경향신문》, 2016년 12월 22일자를 참조하라.

비박연대가 상징적 인물을 두고 경합하는 시간이 적어도 2017년 봄까지 지속될 것인데, 그 과정에서 두 세력이 합당을 통해 새로운 연대로 변신할지 모른다. 문재인이 가장 경계할 시나리오다.

이렇게 보면, 새로운 시대를 여는 주역으로 '50대 기수론'이 가장 그럴 듯하다. ① 50대 후보들이 서로 약점을 보완하는 연합세력을 형성하거나, ② 50대 개별 후보와 기성 정치인이 연대하는 전략, 예를 들면 정운찬, 손학규, 김종인처럼 경험이 많고 관리에 능한 정치인들이 합류하는 형태가 그럴 듯하다. 일단 차기 정권은 경륜이 많은 관리형 정치그룹이 맡고, 제도 정비가 어느 정도 완료된 체제를 50대 기수들에게 넘겨주는 단계적 교체방식을 고려할 수 있겠다. 이런 세력연합이 이미 실질적 대선 후보로 등극한 문재인과 어떻게 겨룰지가 이번 대선의 요체다.

4. 개헌

개헌 논의가 드디어 시동을 걸었다. 대선 주자급 정치인들을 중심으로 개헌연대가 꿈틀거린다. 박근혜 대통령이 탄핵정국 돌파용으로 내놨던 '개헌'은 그렇지 않아도 국민적 관심 사안이었다. 1987년 체제가 한계에 다다랐음이 극명하게 드러났고, 제왕적 대통령제와

다수당의 횡포가 정치 발전을 저해하고 있다는 부정적 평가가 널리 확산된 터였다. 문화가 시속 100킬로, 경제가 80킬로, 사회가 60킬로로 달린다면, 정치는 시속 20킬로, 법은 10킬로 속도로 달린다는 비판은 어제 오늘의 일이 아니다. 후진적 정치는 대한민국의 발목을 잡았다. 견제 받지 않는 제왕적 대통령제에서 비롯한 탄핵 정국은 대한민국을 정지시켰다. 개헌연대가 형성되었으나 구체적인 일정과 방향은 오리무중이다. 논의가 시작된 것에 지나지 않다. 개헌은 정치의 기본 틀을 바꾸는 것이고, 정치 분파 사이의 이해 갈등이 첨예하게 갈리는 것이기에 국민적 요구와 필요성이 무르익었을 때에 해야 한다.

개헌론자인 김종인의 주장은 색다르다. 2017년 개헌을 성사시켜 차기 대통령 임기를 3년, 즉 2020년으로 한정하고, 개헌으로 새로운 정치체제를 2020년에 출범시키자는 제안이다. 발상은 참신한데 실현은 미지수다. 대선 주자들이 3년 임기를 수용할지가 의문이고, 논쟁의 초점이 체제유형에 이르면 주자들과 정당들 사이의 틈은 더욱 벌어진다. 제왕적 대통령제의 폐해를 충분히 겪었으므로 권력을 제한하자는 데에는 모두 동의하지만, 그것이 내각제인지, 분권형 대통령제인지는 의견이 엇갈린다. 아무튼 논의를 시작해야 한다. 국회에 개헌특위가 있으므로 이를 중심으로 대강의 얼개를 만들고 대선 주자들로 하여금 자유곡이 아닌 지정곡으로 설정하도록 국민적 압력을 행사하면 된다.

1987년 이후, 5년 단임 대통령제의 폐단을 지긋지긋하게 체험했다. 대통령의 실질적 집권기간은 초기 1년, 말기 1년을 제외하고 고작 3년이었다. 3년간 사설캠프에서 만든 100여 개 공약을 집행하느라 정책 실효성과 적합성을 검증할 시간도 여유도 없었다. YS정부 이후 약 500여 개의 크고 작은 국가 프로젝트가 쏟아졌다. 정권이 바뀌면 기존 정권의 국가정책은 예외 없이 폐기되고, 100만 공무원은 새 정책에 적응하느라 바빴다. 같은 보수정권이어도 마찬가지였다. MB정권의 녹색성장은 박근혜 정부에서 창조경제로 바뀌었고, 4대강은 폐기처분되었다. 현 정권이 추진했던 노동, 금융, 공공부문, 교육 개혁은 탄핵과 함께 끝났다. 차기 정권이 그것을 이을 거라고 생각하는 사람은 없다. 한국정치는 기존 정권의 '정통성 부정delegitimization'을 통해 정통성을 쌓는 이상한 전통에 서 있다.

이뿐이랴. 정권 말기에는 집권세력의 이탈 현상이 불거져 부정부패와 비리가 판을 쳤다. 공기업과 공공기관의 낙하산 인사는 물론, 검찰과 경찰, 국정원의 절대복종과 저항이 반복되었다. 검증받지 못한 인물이 혜성처럼 나타나 인기를 얻자 포퓰리즘 정치술의 매혹을 떨칠 수 없었다. 충격적인 정책일수록 유권자의 박수를 더 이끌어냈으므로. 낭비가 얼마인가? 인수위는 후보 사설팀이 가득 메웠다. 캠프가 그대로 청와대로 진입해 국가 운영을 떠맡았다. 제왕적 대통령제에서 국회와의 타협은 비효율적이고 또한 불가능했다. 그걸 방지하기 위해 국회선진화법을 만들었지만, 여

소야대 국면에서는 야당의 거부권$^{veto power}$에 부딪혔다. 협치의 유용성을 알지만 선명성 투쟁이 대권 장악에 절대적으로 유리하다는 걸 알고 있는 한국정치에서는 공염불에 지나지 않았다. 5년마다 치러지는 대선은 거의 전투에 가까운 이념투쟁이었고 상호비방전이었다. 이걸 끝내기 위해서는 개헌이 필요하다는 공감대가 무르익었다.

개헌의 방향, 즉 체제유형에 대해서는 의견이 엇갈린다. 세 가지 유형이 있다. 분권형 대통령제/이원집정부제, 대통령 중임제, 내각제가 그것이다. 각 유형의 장단점은 이미 밝혀져 있는데,[32] 유권자들의 선호가 '현행'을 제외하고 세 가지 유형에 엇비슷하게 분포되어 있다는 점이 흥미롭다. 서울대 국가정책포럼이 2016년 12월 3일, 전국 15세 이상 인구를 대상으로 조사한 바에 따르면, 현행은 8.7%, 분권형 대통령제/이원집정부제 29.9%, 대통령 중임제 29%, 내각제 29.2%다. 기성세대일수록 분권형/이원집정부제 선호도가 높고, 젊은 세대는 내각제를 선호하는 경향이 두드러진다. 아무튼 바꾸자는 의견이 91.3%에 달해, 국민 대다수가 개헌의 필요성을 인정하고 있다. 차기 대선 이전에 하자는 의견이 41.5%, 차기 정부에서 하는 것이 좋다는 의견이 47.3%로 비슷하다. 어쨌든 개헌 논의를 당장 시작해야 한다는 당위성을 말해준다고 하겠다.

하나 더 제안하자면, 개헌 논의와 함께 국회의원 선거구 조정 문제도 같이 다루는 것이 좋겠다. 승자독식에 의해 차상위

---

32 각 유형의 장단점에 대해서는 많은 연구서가 이미 나와 있다. 우윤근, 『개헌을 말하다』
(함께 맞는 비, 2013)와 강원택, 『어떻게 바꿀 것인가』(이와우, 2016)를 참조하면 좋다.
우윤근은 분권형 대통령제를, 강원택은 내각제를 선호한다.

체제유형 선호도

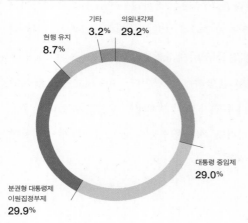

의원내각제	**31.2%**
대통령 중임제	**29.0%**
분권형 대통령제 이원집정부제	**29.9%**
현행 유지	**8.7%**
기타	**3.2%**

연령별 선호도(%)	15~19세	20~29세	30~39세	40~49세	50~59세	60~69세
의원내각제	44.6	29.1	31.4	29.2	25.9	23.1
대통령 중임제	16.9	29.8	28.5	29.2	31.6	30.8
분권형 대통령제 이원집정부제	20.0	23.8	29.1	31.2	33.7	35.9
현행 유지	16.9	11.9	7.0	7.4	6.7	7.7
기타	1.5	5.3	4.1	3.0	2.1	2.6

지역별 선호도(%)	서울	부산	대구	인천	광주	대전	울산	경기
의원내각제	29.1	24.4	21.3	24.7	42.9	32.5	20.7	32.2
대통령 중임제	30.3	35.6	39.3	21.9	20.0	32.5	41.4	25.1
분권형 대통령제 이원집정부제	28.7	31.1	29.5	37.0	28.6	27.5	24.1	29.9
현행 유지	7.3	8.9	6.6	12.3	8.6	7.5	13.8	9.0
기타	4.6	0.0	3.3	4.1	0.0	0.0	0.0	3.9

득표자의 지지가 사표가 되고, 결국 유권자의 선호를 반영하지 못한다는 폐단 때문이다. 현행 249개 소선거구를 100여 개 중선거구로 대폭 조정하고 각 선거구에서 2명씩 선출하는 방안과, 1명으로하되 득표수에 따라 전국구 비례대표를 늘리는 방안이 나와 있다. 일종의 정당투표제와 혼합하는 방안이다. 비례대표제를 늘리면현행 지역구 제도보다 유권자 이익을 제대로 대변할 수 있다는 주장인데, 이 역시 논쟁거리다. 시간을 특정하고 개헌특위에서 적합한방안을 모색할 시점이다.

5. 시민자치

시민자치는 촛불 이후 가장 중요한 의제로 떠올랐다. 외신은 한국의광장집회를 경이로운 눈으로 바라봤고, 민주주의를 향한 열망과시민의식을 격찬했다. 독일과 영국의 신문은 민주주의 수출국이수입국인 한국에서 배워야 할 광경이라고 말했다. 그런데 우리가처한 현실을 들여다본다면 조금 민망한 격찬이다. 민주주의의미시적 기초인 시민자치가 아직 발아상태이기 때문이다. 평화로운광장집회, 그것을 통한 집단적 의사표출이 시민민주주의의 개화한 형태라면, 광장집회에서 돌아가는 개별 시민들이 어떤 단계를거쳐 집으로, 그들의 사적공간 private sphere 으로 귀환하는지를 물어야 한다. 개별 시민의 '사적공간'과 '광장' 사이에 어떤 자치조직들이 발전해 있는가를 말이다.

선진국과 달리 한국은 국가와 개별 시민 사이의 이해갈등을 조정하고 매개할 중간집단 혹은 결사체가 빈약하다. 시민사회 내부에 자발적 결사체voluntary association가 왕성하게 활동하고 있다면 국가와 개인이 정면충돌하는 장면은 자주 발생하지 않는다. 자발적 결사체 혹은 시민단체가 양자의 이해충돌을 걸러내고 여과하는 기능을 발휘하기 때문이다. 이 중간집단의 기능이 미약할 때 개별 시민은 광장에 나온다. 국가와 시민이 대면하고 충돌하는 장소가 광장이다. 결사체적 활동이 민주주의의 미시적 기초이자 시민자치의 씨앗이다. 앞에서 말한 것처럼 시민자치로부터 민주적 습속이 싹트는데, 이것이 민주주의의 거시제도를 작동하는 정신이자 에너지다.

선진국에서는 국가와 개별 시민 사이에 어떤 단계가 발전해 있는가? 단계별 유형으로 다음과 같이 5개로 구분할 수 있다.

- 광장집회 / 대규모 시위
- 정당 접촉, 청원운동, 캠페인
- 시민단체, 자발적 결사체사회적기업, 협동조합 포함
- 주민운동, 주민자치
- 인터넷 의견 개진private sphere

인터넷 의견 개진이 사적^{공적}공간에서 이뤄지는 활동이고, 나머지 4개는 공론장 활동이다. 참여적 시민성이 주민자치에서 광장집회로 올라갈수록 높아진다면, 광장집회에 이르기까지는 주민운동, 결사체운동, 청원 및 캠페인 같은 단계적 행위가 활성화되는 것이 보통이다. 시민단체만 보더라도 영국의 성인은 80%가 단체회원권을 갖고 있지만, 한국은 고작 10%다. 다수는 시민단체의 자격요건에 미달하는 동호회, 동향회, 종친회, 동창회 등에 치우쳐 있다. 주민운동이 미약한 것은 물론이고, 청원운동, 캠페인, 정당 접촉도 활발하지 않다. 최근 연구에 의하면, 주민자치와 시민참여가 몇몇 지자체를 중심으로 활발해지는 모습은 매우 고무적이다.[33] 유달리 뜨거운 인터넷 공간이 정보화사회 한국의 특성이라면, 인터넷 공간에서 광장으로 바로 뛰쳐나가는 것이 한국의 모습이다. 즉, 사적공간과 국가 사이가 텅 비어 있다. 빈 광장, 그 공간에 결사체 활동을 거의 하지 않는 개별 시민들이 쏟아져 나온다. 외신들의 경이로운 찬사가 민망해지는 대목이다.

그렇다면 할 일이 분명해진다. 언론 방송에서 개념화하듯 광장집회가 시민혁명, 촛불혁명이 되려면 결사체적 활동을 시작해야 한다. 자신의 취향과 관심에 맞는 시민활동을 하는 것이다. 적어도 회원권을 1개 이상 갖고 있어야 한다. 진정 민주주의적 대의를 살리려면 특정이익을 옹호하는 전문가적 주창단체^{advocacy groups} 외에 전국적, 계급 횡단적 단체^{class-crossing organization}에 가입하는 것이

---

33 김의영, 『동네 안의 시민경제』, 푸른 길』, 2016.
    김의영 외, 『사회적 경제의 혼종성과 다양성』, 푸른 길, 2016.

좋다. 환경연합, 경실련, 참여연대, 소비자연합처럼 전국 기반을 갖고 계급을 망라한 조직을 말한다. 그래야 '계급장 떼고' 토론하고 의견을 자유롭게 개진할 수 있다. 공론의 처소, 공익에 대한 책임의식이 만들어지는 장소다.

촛불이 남긴 과제를 5가지로 말했다. 이건 단기적 과제다. 이행기에 신중을 기할 사안들이다. 광장의 요구는 대통령 탄핵에 그치는 것이 아니다. 장기적 비전, 한국을 어떤 국가로 승격시키는가의 문제다. 우리는 당장 해결을 요하는 무수히 많은 과제들을 목도하고 있다. 여론 지도자들이 한목소리로 강조한다. "광장의 요구는 초상식적인 재앙의 토양이 된 낡은 체제와의 결별이다. (중략) 한마디로 사회·문화·경제 질서를 포괄하는 새로운 국가의 건설이다"라고.[34] '촛불의 시간'을 유산시키지 않으려면 무엇을 해야 하는가? 시민민주주의가 요구하는 개인 덕목과 자격요건이 무엇인가를 곰곰 되새겨야 할 때, 그리하여 주변의 작은 실천영역을 찾아 발걸음을 옮겨야 할 때다.

---

34 김영희 대기자, 「촛불 혁명의 하이재킹을 경계한다」, 《중앙일보》,
    2016년 12월 23일자.

공명共鳴의 정치는
광장에 있다

1.

1876년 1월 말, 영종도 앞 바다에 화륜선 일곱 척이 나타났다.[35] 한 척은 월미도에 정박했다가 돌아갔고, 화륜 소선 한 척은 종선從船 세 척을 이끌고 인천 제물진으로 올라갔다는 영종첨사의 보고가 올라왔다. 먼 바다에 커다란 화륜선들이 검은 연기를 뿜으며 북진 했다가 대부도로 돌아갔다. 왜선의 동태가 괴이하다는 강화첨사 의 문정問情이 도착했다. 판중추부사 겸 접견대관인 위당威堂 신헌 申櫶, 1811~1884은 강화부성 동헌에 있었다. 인천부사가 보고했다. 종선 두 척이 정박해 급수汲水를 했는데 군졸이 미복을 하고 잠행 해 보았으나 무슨 까닭인지 알지 못한다고 했다. 신헌은 인근 관리 들에게 장계를 띄웠다. 경계를 늦추지 말고 정황을 파악하라, 저들 이 상륙하는 일이 있는 즉시 보고하라고.

　　이것이 1876년 2월 27일 체결된 강화도조약의 서곡이었다. 접견 대관 신헌은 저들이 온 까닭을 짐작했다. 지난 9월 강화도에 침범한 운요호雲揚號를 조선병사가 포격해 쫓아버린 일이 있었다. 중국정부는 일본이 포격사건 책임을 물어 강력한 조치를 취한다는

35　신헌(김종학 역), 『심행일기』, 푸른역사, 2010.

결단을 내렸음을 알려왔었다. 그것이라면 그리 큰일은 아닐 터, 군함을 끌고 바다 건너 여기까지 수고스럽게 온 곡절은 필경 다른 목적이라고 생각했다. 서계書契! 바로 그것이다. 1868년부터 일본 정부가 끈질기게 보낸 수교문서를 접수하지 않고 몇 차례 돌려보내지 않았는가. 일본과의 전통예법은 이미 오래전부터 지켜온 바, 왜 우호적 교린관계를 군이 달리 바꾸고자 하는가? 신헌은 역관 오경석과 훈도 현석운을 시켜 사정을 정탐하라 일렀다. 오경석이 돌아와 보고했다. 역시 서계 문제였다. 몇 차례 거절당한 것에 분개해 육군 중장 겸 전권변리대신인 구로다 키요타카黒田清隆가 군함을 끌고 왔다는 것이었다. 오경석에게 일렀다. '오라 하라!'

2월 9일, 기마병을 앞세운 왜병 100여 명이 강화성 남문에 들어섰다. 선발대는 군악대 연주에 맞춰 행군했고, 그 뒤에 군마가 끄는 대포 2대와 연환, 화약상자를 실은 쇠수레가 따랐다. 풍문으로 듣던 연발총 다섯 문도 보였다. 훈장이 장식된 신식군복을 입은 젊은 장수가 검은 말을 타고 앞장섰다. 신헌은 동헌에서 그 광경을 지켜보고 있었다. 이윽고, 장수가 말에 내렸다. 어깨가 딱 벌어진 다부진 체격의 삼십대 장수였다. 그들은 동헌 내방에 마주 앉았다. 신헌이 말했다.

'그대는 어찌 이리 소란스럽게 왔는고?'

구로다가 답했다.

'서계를 번번이 거절당하니 그대 군왕의

회오悔悟를 받으러 왔소!'

신헌이 단호하게 받았다.

'군주는 회오하지 않소이다!'

강화도조약의 첫 대면이 이렇게 시작됐는데, 전통과 근대,
조공외교와 무력외교가 맞부딪힌 국가적 접전은 한 달간 지속됐다.

신헌은 문무를 겸비한 유장儒將이었다. 구로다는 미리 준비해온
13개조 조약문에 서명하지 않으면 양화진을 거쳐 한양으로 진격
하라는 전권을 위임받았노라고 협박했다. 강화도 남쪽 해안에서
일본군은 매일 포사격을 해댔고, 멀리 화륜선들이 검은 연기를
뿜으며 시위했다. 조정의 뜻은 헷갈렸다. 영의정 이유원, 우의정
김병국, 좌의정 이최응은 대원군의 기세에 눌려 불가원칙을 고수
했다. 형조판서 박규수만이 천황을 표시하는 황皇, 칙勅자를 수정
하는 조건으로 조약문을 수용하는 것이 불가피하다고 주장했다.
양왜洋倭일체론과 존화론尊華論에 매몰된 전국의 유림들이 들고
일어났다. 교섭이 한창 진행되던 2월 17일, 존화론의 거두 면암
최익현이 도끼를 들고 광화문에 부복했다. 대원군에게서 절대

나가며

불가 서신이 날라들었고, 박규수는 시세에 따르라는 권유서신을 보냈다. 신헌은 알고 있었다. 교섭에 응하지 않으면 나라가 쑥대밭이 된다는 것을, 백성이 도륙되고 전화戰禍를 피할 수 없다는 사실을 말이다. 사대부와 양반사족들이 구체제에 안주하는 동안, 조선은 풍전등화의 협곡에 내몰렸음을 인식했다. 사태를 알아차린 강화유수 조병직은 일찌감치 익직溺職. 직책 수행 불능을 신청해 안가로 피신한 상태였다. 누가 이 함포외교의 무력협박을 막아낼 것인가? 척왜斥倭는 전통적 가치에 비춰 옳았으나 더이상 적합지 않다. 조공체제는 조선을 지켜온 전통적 질서였으나 더이상 유효하지 않다. 그렇다면 누가 이 대전환의 위기를 돌파할 수 있을 것인가?

유림공론은 들끓었다. 여차 하면 광화문에 집결할 태세였다. 조정 대신들은 대원군의 눈치를 살폈고, 수교의 화살을 피하고자 최종 판단을 고종에게 일임했다. 백성은 어찌할 바를 모르고 두려움에 떨었다. 한양 도성민들은 1866년 병인양요 당시 프랑스 함대가 양화진에 진입할 때 서둘러 피란길에 오르던 악몽을 떠올렸다. 고종의 답서가 도착했다. '수사재단隨事裁斷' — 사태를 파악해 결단할 전권을 주노라. 신헌은 조약문을 면밀히 검토하고 항목별 의미를 신중하게 캐묻고 따져 전통적 교린질서와 가장 근접한 형태로 수정문을 작성했다. 문식文識이 달렸던 구로다가 결국 수정문을 받아들였다. 조약은 체결됐다. 화륜선단은 검은 연기를 뿜으며 일렬종대로 나가사키로 귀항했다.

2.

그 후 조정에서 어떤 일이 벌어졌는지는 이미 알고 있는 바다. 그 당시, 존화론에 목숨을 건 수구세력 외에 상공업세력이 발달했더라면 어땠을까를 상상하는 일은 부질없을지 모른다. 그렇지 않았으므로. 20년 뒤 광화문을 뒤덮은 동학도들도 척왜양창의斥倭洋倡義를 부르짖었으므로. 척왜가 틀렸다는 것이 아니라, 세계 추세가 변했음을 알아차린 세력이 없었다는 것이 통한의 요체다. 대신들은 물론 양반사족도 무지했고, 누란의 위기가 발생하면 세계 최고의 성리학적 명분론과 심성론으로 막아낼 수 있다고 믿었다. 지배이념은 그리 강력했다. 조선의 공론정치는 상당한 수준에 이르렀지만 제국함대가 도래한 이후에도 세계 변동과 현실에 무지한 지배세력이 독점했다. 인민은 시민이 아니었다. 상공업이 미약한 탓에 백성은 시민세력을 형성하지 못했다. 근대가 본격화된 이후에도 사정은 마찬가지였다. 민유방본民惟邦本, 조선의 통치이념은 19세기에도 변함없이 지속됐지만 군민공치君民共治는 근대의 물결이 억압적 형태로 밀려온 다음에야 겨우 선언될 정도였다. 서양 제국들은 이미 시민민주주의의 초기적 단계를 통과하고 국민국가를 향해 질주하던 때였다.

　　1876년 당시 광화문광장에 책임회피에 급급한 사대부와 명분을 숭상하는 유학 관료, 학자군이 아니라, 조야한 수준이지만 시민의 원형격인 상공업세력이 한구석을 차지했다면 20세기 한국의 역사가 경로를 틀었을 것이다. 일본의 실체를 파악하고, 서양제국의 본질을 간파한 세력이 형성됐다면 한국은 달라졌을 것이다. 군민공치를 요즘 말로 한다면 공명정치다. 민民의 뜻을 헤아려 통치하는 것, 그러나 뜻을 펴는 민은 없었고 보호를 요하는 '적자인민赤子人民' 뿐이었다. 세상을 두루 다니고, 이윤을 추구하고, 물산을 제조해본 경험에는 민생의 가장 중요한 지혜가 들어 있다. 민생이 통치의 기본원칙인 것은 예나 지금이나 마찬가지인데, 질서가 변했음을 알아차린 신생세력이 전무했다는 사실이 우리 근대사의 비극이다. 공론에 백성이 끼어 들 여지가 없었고, 광장에는 군주의 덕화와 승평일월을 비는 농민이 더러 점거했다.

21세기 광화문에는 시민이, 그것도 도덕적 감정과 주체의식으로 무장한 시민이 대거 출현했다. 아니 이미 광범위하게 형성되어 있었다. 다만, 군주적 기질을 감추지 못한 대통령이 그래도 도덕적 통치 개념에 최소한의 예의라도 지킬 것으로 믿었다. 지난 3년 반 동안, 아니 민주화 30년 동안, 공명정치까지는 아니더라도 민의民意에 긴장하는 정치를 갈망했다. 150년 전과는 달리, 민도民度 내지 시민 수준은 지배계급과 권력집단을 훨씬 넘어섰다. 그 유명한 '문文의 정치' 덕에 한국인의 학력 수준은 세계 최고를 자랑하지 않는가. 세계 방방곡곡을 누비는 한국 청년들과, 세계무대에서 최고의 재능과 실력을 유감없이 발휘하는 한국인이 수만 명에 이르고, 출입국자가 수천만 명에 이르는 오늘의 현실에서 구중궁궐, 독수공방 나 홀로 통치가 웬 말인가.

혹자는 이렇게 항의한다. 한국인 5천만 명의 민의를 어찌 일일이 파악할 수 있는가? 백만 명이 광장에 나왔다고 그게 대의이고 민의인가? 인터넷 댓글에는 이런 항의와 비방이 넘친다. 일리 있는 항변이겠는데, 중요한 사실을 고의로 놓쳤다. 국가주의적 전통이 워낙 강한 한국에서 100만 명 집회는 정치권의 독주를 끝내라는 충분한 근거라고, 광화문광장을 가득 메운 것만으로도 모든 요건은 충족된다고, 설령 천만 명이 나와도 국가주의의 완강한 장벽은 잘 극복되지 않는다고 말이다. 권력집단과 시민의 공명정치, 또는 시민민주주의로 가는 길은 멀고 험하다. 더 긴장하고 더 노력해야 한다.

3.

시민의 존재를 알 턱이 없던 신헌은 구로다와 대적하면서 '상상시민imaginary citizen'을 설정했다고 나는 믿는다. 백성이 도륙되고 전화를 피할 수 없다! 그렇다면 광화문에 부복한 최익현의 명분론 말고, 생계에 여념이 없는 수만 명 서민들이 엎드려 전화戰禍와 살상 공포를 면하게 해달라는 집단 읍소가 이명처럼 쟁쟁 울렸을 것이다.

구로다와의 절박한 접전 속에서 조정과 사대부가 아니라 일반 백성들과 공명했던 것이다. 수용하되 교린질서와의 충돌을 최소화하는 절묘한 절충안을 만드는 것이 그의 결단이었다. 물론 '수사재단'이라는 고종의 하교가 있기는 했으나 고종도 사대부와 유림의 완강한 저항을 넘어서기는 어려웠음을 직감했을 것이다.

국회조사위원회 청문회에 불려나온 고위관료와 정치인 중 이런 고민을 깊이 했던 사람은 아무도 없었다. 필자는 그런 행태를 '난 몰라 공화국'으로 빗댔다. 칼럼에서 이렇게 썼다《중앙일보》, 2016년 12월 27일자.

> "세월호 7시간, 비서실장은 대통령 소재를 몰랐다고 했다. 통화는 했으나 소재를 묻지 않았고, 행동요령을 조언하지도 않았다고 했다. 왜? 월권행위라서. 300여 명 생명보다 권한 경계가 중요했던 거다. 언론 검열, 세무사찰, 어용단체 동원을 자행했던 기춘대원군은 유독 '그날' 만큼은 나약했음을 연출했다. '권한 밖의 일입니다.' 국가안보실장도 꼭 같았다. '해군, 특공대 투입은 권한 밖의 일입니다.' 최고 율사, 꼿꼿 장수는 참사현장 중계를 보는 외에 딱히 할 일이 없었다. 대통령은 관저에 틀어박혔고, 청와대 실세들은 국민재난에 '난 몰라'였다.

'난 몰라' 공화국의 극단적 무능과 소인적 행태는
그렇게 드러났다.

청와대 실세들은 앵무새군단이었다.

우병우 민정수석은 엷은 냉소를 날리면서 '난 몰라'를
중얼댔다. 사정기관에서 수집한 고급 정보를 총괄하는
민정수석이 최순실을 몰랐고, 문체부 전횡을 몰랐고,
기업 돈 갹출을 몰랐다면, 왜 그 자리에 있는가?
직무유기이거나 무능력자임을 자인하는 거다. 아니면,
법률 지식을 동원해 무능이 유능보다 형량이 적다는
걸 노린 비열한 연출이다. '난 몰라' 공화국의 몰염치는
이화여대 부정 입학을 캐는 자리에서도 재현됐다.
'진정 난 몰랐네'를 항변하는 총장의 눈물은 처절했다."

4.

이 책을 마무리하고 머리를 식힐 겸 신헌의 행적을 찾아 강화도를
다녀왔다. 구로다가 행군해 온 남문은 사라졌고 대신 서문이 남아
있었다. 첨화루瞻華樓, 아름답게 번성하는 세상을 우러르는 누각 현판이 걸려 있었
다. 아름다움이 넘친다! 신헌은 그걸 구제하려 했을까. 그가 체류
했던 동헌, 구로다와 대좌한 연무대는 사라졌다. 강화부성 한복판

을 가로지르는 도로에 버스와 승용차가 달렸다. 강화 시내는 연말연시를 보내는 시민들로 붐볐다. 무심한 외양 속에 민생고와 정국 불안정에 대한 근심이 얼핏 스쳤다. 광장에서 촛불을 들었던 사람도 섞여 있을 것이다. 신헌이 대화했던 '상상시민'의 후예였다.

돌아와 신헌 일대기를 뒤지던 중, 그의 유해가 춘천시 유점리에 안장되었다는 사실을 알았다. 유점리······ 많이 듣던 익숙한 지명이었다. 필자가 오래전에 구입해 집필실로 쓰는 농가에서 그리 멀지 않은 곳이다! 한나절 수소문 끝에 신헌의 묘역을 찾아냈다. 농가를 가려면 늘 지나치던 북한강변 도로 위쪽 산 능성에 있었다. 지명은 용산리로 바뀌었다. '보국숭정대부 겸 판중추부사 신공휘헌지묘申公諱櫶之墓.' 가져간 소주를 올리고 재배했다. 그리고 대관께서 상정했던 '상상시민'이 이제 늠름한 품격으로 소생했음을 고했다.

한국은 어디로 갈 것인가

- 촛불과 광장에서 확인된 '시민의 힘'

이 글은 2017년 《중앙일보》 캠페인 '리셋 코리아' 출범을 기념하는 좌담으로, 고려대 최장집 명예교수와 필자가 대화를 나눴다. 《중앙일보》의 동의를 얻어 대담 가운데 필자의 발언만 발췌해 소개한다.

일시. 2016년 12월 28일 오후 5시
장소. 중앙일보 논설위원 회의실
사회. 배영대 기자

한마디로 촛불시위는 놀라운 민의의 표출입니다. 이것을 거대한
'항의의 체계화'로 개념화 할 수 있습니다. 이 배경에는 기존의
'사회민주화'의 계기를 유실한 것에 대한 시민적 분노가 있습니다.
해야 할 숙제를 버린 채로 질주해왔던 지난 10년에 대한 항의라고
할까요. 사회민주화를 했어야 하는 시점에 그걸 하지 못하고
유실한 데에서 나온 항의, 이것이 체계화된 것이 촛불시위의
장엄한 모습입니다. 항의가 터져 나온 노즐은 도덕적 양심에
대한 갈망입니다.

　　　분노의 층위는 개인적 차원과 사회적 차원으로 나눠볼 수
있습니다. 개인적 차원에서는 지배층의, 사회 엘리트의 부패에
대한 분노입니다. 도덕적 양심은 시민성의 핵심입니다.
그걸 바탕으로 사회적으로는 '시민정치'의 출발입니다.
민주화 30년에 시민정치가 잘 이뤄지지 않았던 만큼 촛불은
시민정치의 시대를 열었습니다. 사회과학적으로 정의하자면
국가의 시대를 마감하고 시민의 시대를 열었다고 할 수 있지요.
시민적 요구를 수용하지 않았던 민주주의의 거시적 제도가 한계를
드러낸 것이죠. 정치권이 독주해온 한계. 그래도 30년 동안
다행스럽게 시민성의 씨앗들이 지속적으로 뿌려지면서 미시적
기제들이 작동하고 있었습니다. 예를 들어 사회적 기업, 협동조합,
시민자치, 주민자치가 어느 정도 발전돼 왔어요. 촛불집회는

우리나라의 정치사적 발전에서 시민주도권을 확인하는 굉장히
중요한 계기입니다. 이것을 의식하는 것과 의식하지 않는 것이
다릅니다. '국가주도 민주주의'로부터 '시민민주주의'로
나아가는 길에 서 있습니다.

Q.   **시민정치가 역사적으로**
     어떤 의미가 있나요?

1960년대 미국 매카시즘 이후에 국가가 개인의 자율성을
침해하니까 그걸 항의하는 시민들의 갈망을 반영하고자
정치학자들이 '시민민주주의Civic Democracy' 개념을 만들었고 상당히
많은 연구들이 나왔습니다. 시민민주주의는 거시적 제도를
뒷받침하는 시민 개개인들의 실천적 자율성으로 작동합니다.
민주주의의 미시적 기초입니다. 이번 촛불시위 이전까지
민주 제도의 바탕이 비어 있었다면, 이제 시민의 자율성이
꿈틀대고 그 중요성을 인식하기 시작했다는 점에서 중요합니다.

        이번 촛불집회에서 '자유주의의 본질'을 봤다는 건 정말
의미가 큽니다. 몇 년 전, 박근혜 대통령 후보 시절에 한번
만난 적이 있었어요. 국민이란 말 대신 '시민'이란 말을 쓰세요,
했더니 박 후보가 그것은 전주 시민, 대구 시민 아니에요?
그러더라고요. 시민을 거주 개념으로 생각하는 거지요. 역사적
개념이 결여돼 있어요. 이 정권은 민주주의의 기반인 시민을
국민으로만 간주했다는 데서 쓰라린 대가를 치르고 있지요.

        제가 설문조사를 해봤습니다. 이번 촛불시위에 가장 많이
참여한 계층은 전문가+상위소득층입니다. 놀랍죠. 중하위층이
밤에 나오긴 좀 힘들었을 겁니다. 여유 있는 사람이 나오는
편인데, 전문가, 대학 졸업자 이상이 70% 정도이고요. 월 소득
500만 원 이상 중상층이 50%가 넘어요. 어떤 의미일까요?

1840년대 독일의 자유주의를 주도했던 교양시민층이 드디어
한국에도 생겼다는 뜻입니다. 자녀들이 "엄마 아빠, 그때 뭐했어?"
물어보면 창피하지 않으려고 나왔다는 것, '세대'와 '시대'에 대한
사회적 책임을 비로소 느끼기 시작했다는 것입니다. 자유주의의
두 얼굴을 권리와 책임이라면, 책임의식이 발현된 거죠.

Q. 국민과 시민의 차이는
    무엇인가요?

'국민'이란 개념은 위계적 관계를 지칭합니다. 나와 가정과 국가,
이렇게 종적인 관계로 구성되지요. '시민'은 국가 개입이 없는
수평적 관계에서 형성됩니다. 개인과 개인의 관계,
개인과 공동체의 관계가 시민입니다. 위계적 질서는 통제고,
수평적 질서는 자율성입니다. 최장집 교수의 말씀대로 불평등
통제는 자유주의의 중요한 한 축입니다. 국가 개입 말고
자율통제를 통해 해결해야 불평등을 축소하고 자유주의가
한 단계 진화합니다. 예를 들면, 비정규직 임금을 정규직의 80%
정도 지급하자고 '관습적으로' 행하면 됩니다. 그래야 공동체주의,
연대, 통합의 경지에 도달합니다. 법 규정 말고 시민성이 구축돼야
가능하지요. 법에 의존하는 국민만으로는 성숙한 자유주의가
만들어지지 않아요. 우리는 20세기에 시민이 발육부진된 상태를
겪었습니다. 국민을 앞세우는 정치체제로 일관했기에 시민이
발아하지 못했지요. 오죽하면 21세기 통치자, 박근혜 대통령이
시민 개념을 모르겠어요?

Q.   정당정치의 한계는
　　　 무엇인가요?

이번 촛불집회를 통해서 정당 제도의 한계가 드러났습니다.
광장은 문제를 제기하지만 풀 수는 없지요. 정당정치가 푸는 거지요.
그런데 이런 인식이 중요합니다. 지금까지는 정당이 시민을 끌고
왔다면 이제는 이 관계가 역전되는 시점입니다. 정당이 무엇을
대변할 것인지를 시민에게 물어야 하는 시대입니다. 이게 광장이
요구하는 정당 재편성의 시그널입니다. 유럽도 대의민주주의가
한계에 달했음을 일찍이 알고 있었어요. 대중 정당을 기반으로 한
대의민주주의는 1920년대에 형성돼서 거의 1세기를 진화해왔는데,
이제 한계를 드러냈지요. 보완할 것과 대안을 심사숙고할 시점입니다.
　　　　유럽을 봐도 대의민주주의의 적실성은 시간이 흐르면서
줄어들었습니다. 우리나라의 핵심 모순은 지역정당에서 출발했다
포괄정당이 됐다 다시 지역정당으로 돌아가는 것이지요. 특수에서
보편, 보편에서 특수로 진자운동을 하는 것, 한국 정당의 모순입니다.
대선을 전후로 그래 왔어요. 기능과 본질은 그대로 둔 채 말이지요.
저는 이 모순을 풀 자원이 시민정치라고 생각합니다. 국회의
나 홀로 독주를 끝내고, 대변성, 책임성이란 대의민주주의 원래
취지를 증대시키는 제도 개혁을 실행해야 합니다. 압력을 넣어야죠.
광화문에서 그 에너지를 충분히 찾을 수 있다고 생각합니다.
지역정당을 시민민주주의라는 보편적 차원의 행위자로 변신시키는
방안, 그걸 찾아야 합니다.

이번 촛불집회에서 시민의 자율성과
'자유주의의 본질'을 보았습니다.
박근혜 정권은 민주주의의 기반인 시민을
국민으로만 간주했습니다.
이제 우리도 교양시민층이 생겼습니다.
'세대'와 '시대'에 대한 사회적 책임을
느끼기 시작했습니다.

"친박계는 해체되어야 합니다.
'가짜 보수의 실패'라는 말도 나오는데,
사실은 보수 전체의 실패입니다.
보수는 무너져야 합니다.
진정한 보수는 개인의 자유로부터 출발해서
공익에 이릅니다. 양극화를 풀지 못하는
보수는 보수가 아닙니다. 시세와 처지를
읽지 못하는 진보 역시 마찬가지입니다.
21세기 진정한 보수란 무엇인가?
약자를 끌어안고, 공동체를 만드는 것,
편협한 민족주의를 내세우지 말고
세계주의적 관점에서 한반도를 바라보는 것,
그래야 진정한 진보도 태어납니다.
이념의 지형도를 다시 그려야 합니다.
누가 바꿔야 할까요?
광장이, 시민사회가 해야 합니다."

Q. **2017년 대선이 치러지는데 차기 정부의**
   시대적 과제는 무엇인가요?

시민적 인풋^{in-put}의 시작입니다. 그 인풋이 어떻게 다시 분절되고
대립할 것인지 걱정이 되긴 합니다. 촛불 공중은 하나였는데
이슈 공중은 여럿으로 갈라집니다. 이슈 공중이 정당 재편성으로
귀결되면 좋을 텐데, 정당이 먼저 갈라져 이슈 공중을
분절시켜버리면 과거로 회귀하는 겁니다. 이 시점에서 정당과
시민사회의 주종관계를 완전히 바꿔야 합니다. 시민이 주도권을
가지고 정당이 재편성되게 만들어야 합니다. 향후 6개월은
불안정한 이행기인데, 무엇보다 중요한 건 취약한 거버넌스를
깨서는 안 됩니다. 대선 주자들이나 정당들이 거버넌스가 감당하지
못하는 주장들을 시작했습니다. 이른바 포퓰리즘의 위험이
시작된 거죠. 여기에 대해서 시민들이 경고해야 합니다.
통치력을 넘어서는 사안을 자제해야 합니다.

　　　개헌 문제도 그렇습니다. 저는 개헌 논의를 해야 한다고
생각하지만, 당장 2017년 5월 안에 해결해야 한다고 생각하지는
않아요. 지금은 국가 관리자들이 외곽으로 밀려난 상황, 일종의
'경비병 사회'입니다. 시민적 요구는 넘치는데 이걸 수용할 수
있는 능력은 바닥입니다. 그 격차가 너무 커요. 관리 능력 없이
외곽에 경비를 선 상태입니다. 개헌의 가닥을 두어 개로 마련하고,
실행 과제는 다음 정권으로 넘기고요. 차기 정권은 일종의 관리
정권이라는 생각이 듭니다. 무슨 새로운 업적을 많이 하겠다는

과욕을 버려야 합니다. 지금 사태가 결핍증의 발현이라면, 비어 있는 것을 채우는 것을 최대 업적으로 설정해야 합니다. 뭘 못했을까요? 포괄적 의미의 사회복지입니다. 사회복지의 핵심은 무엇일까요? 고용입니다. 고용은 생존수단, 사회적 존재감의 처소입니다. 복지가 자잘한 메뉴가 아니지요. 경로연금, 반값 등록금, 고령 건강보험 등등. 여기에 고용은 어디로 갔나요? 사회복지를 고용 중심의 거시 패러다임으로 '재구조화re-structuring' 해야 합니다. 모든 문제가 여기서 출발하지요.

차기 정권이 과거에 못했던 것을 보완하는 일을 하려면 공통기반을 만들어야죠. 그걸 위해 결선투표제에 대한 논의는 중요합니다. 이와 함께 다음 정부를 뽑기까지 이행과정에 대해서도 생각해봐야 합니다. 한국 역사에서 통치력이 소멸된 상태에서 6개월을 지내본 적이 없습니다. 통치력이 없어도 시민사회가 잘 굴러간다, 스스로 뭔가 할 수 있다는 시민의 자존감을 회복할 수 있는 기간이라고 봅니다. 문제는 외부 충격이 커지면 문제가 발생한다는 겁니다. 이행기에 우리는 시민사회의 체질을 어떻게 개선할 것인가에 중점을 둬야 합니다. 광장에서 가정으로 바로 돌아갈 것이 아니라, 결사체를 거쳐야 합니다. 이게 유럽 시민사회의 교훈입니다. 결사체적 학습의 핵심이 바로 '손실의 내면화'입니다. 사회 문제가 발생하면 내가 손실을 입어도 공공이익을 위해 기꺼이 희생하겠다는 것, 이런 자율적 심성이 수십 년에 걸쳐 형성된 것이 지금 그들의 엄청난 자산이자 사회적 자본이죠.

Q. **보수의 분할이나 재편성에 대해서는
어떻게 보시는지요?**

법치가 정권 연장의 수단이었지요. 보수를 그런 식으로 운영한
친박계는 해체돼야 마땅합니다. 요즘은 '가짜 보수의 실패'라는
말도 나오는데, 그 말은 은폐막이죠. 사실은 보수 전체의 실패입니다.
자유주의의 본질을 왜곡한 보수의 한계가 드러난 거죠. 보수는
무너져야 합니다. 진정한 보수는 개인의 자유로부터 출발해서
공익에 이릅니다. 거기에 도덕 중심, 전통적 가치들을 결합하면서
공동체를 만들어가는 건데, 그런 가치를 실현하지 못한 거죠.
양극화를 풀지 못하는 보수는 보수가 아닙니다. 시세와 처지를
읽지 못하는 진보 역시 마찬가지입니다.

　　'북한'과 '분배'에 대한 전면 거부, 이게 보수의 구조화된
신념이죠. 분배? 참아라. 종북, 안 된다. 이게 20세기 한국정치,
박정희 패러다임의 요체죠. 21세기 진정한 보수란 무엇인가?
약자를 끌어안고, 공동체를 만드는 것, 편협한 민족주의를
내세우지 말고 세계주의적 관점에서 한반도를 바라보는 것,
그래야 진정한 진보도 태어나고요. 이념의 지형도를 다시
그려야 해요. 이걸 누가 바꿔야 할까요? 광장이, 시민사회가
경고하고 있어요. 정치권보다 한층 앞선 시민이 이념적 지형도를
다시 그려야 합니다.

Q. 북한, 안보 문제가 결국 넘어야 할 산인데,
좀더 구체적으로 얘기해볼까요?

통일 정책을 바로 양자 관계, 남북 관계로 치환시켜버린 데서
문제가 발생했다고 봅니다. 어느 날 갑자기 개성공단 폐쇄!
이게 통일대박인가요? 통일을 오히려 동북아 문제,
세계 문제로 확대시키면 북한은 작은 부분에 불과해요.
극단적 종북은 문제지만, 그걸 공격 무기로 썼던 낡은 인식을
버리고 다자 관계, 세계적 관계로 시야를 확대하면 북한을
압도하는 여유가 생겨납니다.

　　　　제가 연해주에 가서 보니, 한국은 중국과 일본 사이에 끼어
생존했습니다. 이제는 생존이 문제가 아니라, 중국과 일본에게
주도권을 행사할 수 있어요. 뭔지 아세요? 바로 시민사회가
살아 있다는 겁니다. 진취적 항의의 체계화, 그 기운이 한반도에
차 있어요. 일본은 전국 차원의 시민운동은 절대로 일어나지
않습니다. 중국도 마찬가지, 한국이 유일합니다. 일본, 중국의
국가주의에 대해 시민사회의 자율성을 보여줄 유일한 국가,
한국입니다. 우리의 에너지를 종북이라는 낡은 잣대로 위축시킨
거죠. 동북아시아적 시선, 시민적 포용과 견제로 북한, 통일
문제의 출구를 찾아내야 합니다.

북극성